AF569747

Sag mal, was ist eigentlich Sprache?

Duden

Sag mal, was ist eigentlich Sprache?

Eine abenteuerliche Reise durch die Sprachgeschichte

Von Andrea Weller-Essers
und Meike Töpperwien

Dudenverlag
Berlin

D C B A
Bibliographisches Institut GmbH,
Mecklenburgische Str. 53, 14197 Berlin

Text: Andrea Weller-Essers
Illustrationen: Meike Töpperwien
Redaktion: Carolina Olszycka, Dr. Kathrin Kunkel-Razum

Herstellung: Alfred Trinnes, Ursula Fürst
Layout und Satz: Britta Dieterle, Buch und Gestaltung, Berlin
Umschlaggestaltung: 2issue, München
Umschlagillustration: Meike Töpperwien
Druck und Bindung: GGP Media GmbH
Karl-Marx-Straße 24, 07381 Pößneck

ISBN 978-3-411-74005-5
www.duden.de

PEFC zertifiziert
Dieses Produkt stammt aus nachhaltig bewirtschafteten Wäldern und kontrollierten Quellen.

www.pefc.de

Inhalt

Was ist eigentlich Sprache?

Die Antwort auf diese Frage scheint auf den ersten Blick ganz einfach: Mit Sprache können wir uns verständigen – und wenn wir sprechen, kann uns jemand anderes verstehen. Aber was ist zum Beispiel mit den Lauten von Tieren? Spricht ein Hund, wenn er bellt? Ist der Gesang von Buckelwalen schon eine Sprache? Und zwitschern Vögel vielleicht mit einer eigenen Grammatik? Sobald wir beginnen, über solche Fragen nachzudenken, wird die Sache komplizierter. Denn nahezu überall, wo Lebewesen zusammentreffen, gibt es auch so etwas wie Verständigung. Und das ist nicht nur bei Menschen und Tieren so!

Sprichst du Maisisch?

Auch Pflanzen haben verschiedene Methoden entwickelt, um miteinander zu kommunizieren und lebenswichtige Informationen auszutauschen. Ein beliebtes Mittel zur Verständigung in der Pflanzenwelt ist der Einsatz von speziellen Botenstoffen. Diese werden über die Blätter oder Wurzeln abgegeben, sodass andere

Pflanzen sie aufnehmen und „verstehen" können. So hat die Wissenschaft herausgefunden, dass Maispflanzen sich unter der Erde gegenseitig warnen, wenn der Platz oben an der Sonne zu eng wird. Wird eine Maispflanze nämlich häufig berührt, etwa weil ihre Nachbarin sie ständig anstupst, senden ihre Wurzeln bestimmte chemische Stoffe aus. Kleine Pflanzen, die in der Nähe wachsen, reagieren darauf, indem sie in eine andere Richtung wachsen. Ganz schön raffiniert! Aber kann man bei solch einfachen Botschaften schon von einer „Maissprache" oder gar von „Maisisch" sprechen?

Forschungsreise in die Vergangenheit ...

Um mehr über das Phänomen „Sprache" herauszufinden, fangen wir am besten am Anfang an. Seit wann gibt es überhaupt Sprache? Und wer hat dieses grandiose Verständigungsmittel erfunden? Anschließend versuchen wir herauszufinden, ob es einen Unterschied zwischen menschlicher Sprache und tierischer Verständigung gibt – und wenn ja, worin dieser genau liegt. Und wir erkunden, warum auf der Erde nicht nur eine einzige Sprache, sondern viele verschiedene gesprochen werden.

... und in die Zukunft

Danach nehmen wir die deutsche Sprache genauer unter die Lupe. Seit wann gibt es das Deutsche überhaupt? Warum sprechen die Menschen in Österreich anders als in der Schweiz? Und ist das Deutsch von heute dieselbe Sprache wie das Deutsch vor 200 Jahren? Auch hier finden wir viele Hinweise in der Vergangenheit – nicht umsonst ist das hier eine „Geschichte der Sprache". Aber natürlich wagen wir auch einen Blick nach vorne: Wie beeinflussen technische Erfindungen unsere Sprache? Wie wird sich das Deutsche verändern? Und würden wir unsere Sprache, die in 100 Jahren gesprochen wird, überhaupt noch verstehen?

Neugierig geworden? Na dann: Einfach umblättern!

Pupsen, tanzen, singen, brummen: Wie verständigen sich Tiere?

An Land, unter Wasser oder in der Luft: Überall wird kommuniziert, was das Zeug hält. Denn auch Tiere haben ganz unterschiedliche Wege gefunden, um sich mit ihren Artgenossen zu verständigen.

Richtungsweisende Fürze

Heringe schwimmen in großen Schwärmen durch das Meer. Manchmal schließen sich sogar mehrere Millionen einzelner Tiere zu einer Gruppe zusammen. Damit die Kommunikation im Schwarm auch in der Nacht funktioniert, verständigen sich die kleinen Tiere mithilfe von Pupsen. So stellen sie sicher, dass sie auch im Dunkeln im Schwarm zusammenbleiben. Zum Pupsen leiten sie die Luft aus ihrer Schwimmblase in ihre Verdauungsorgane. Die so erzeugten Töne haben unterschiedliche Tonlagen und Längen. Fünf Sekunden – und manchmal auch länger – kann so ein Kommunikationspups schon mal dauern. Zum Glück für alle anderen Meeresbewohner klingen die Fischfürze zwar, aber sie stinken zumindest nicht.

Botschaft aus der Ferne

Erwachsene Elefanten beherrschen eine besondere Art der Fernkommunikation: Sie stoßen sogenannte Rumbles aus. Diese speziellen Töne sind so tief, dass wir Menschen sie gar nicht mehr hören können – man spricht deshalb auch von Infraschall-Kommunikation. Erzeugt werden diese Rumbles mit Hilfe der Stimmbänder. Das sind lange, in der Luftröhre befindliche Hautbänder. Werden sie beim Atmen durch die Luft in Schwingung versetzt, entstehen Töne. Das ist übrigens auch beim Menschen so. Die Rumbles werden allerdings nicht wie „normale" Töne über die Luft, sondern als Bodenwellen übertragen. Mit ihren empfindlichen Fußsohlen nehmen die Tiere die feinen Signale auf und leiten sie an ihr Innenohr weiter. So können sich Elefanten auch über eine Entfernung von über 10 Kilometern Nachrichten senden. Auf diesem Weg kommunizieren sie zum Beispiel ihr Alter, ihr Geschlecht und ob sie zur Paarung bereit sind. Zudem können sie anderen ihre Position mitteilen oder Warnungen senden.

Wie fit singst du?

Kilometerweit schallen die Gesänge der Buckelwal-Männchen durch die Meere. Ihre komplizierten Melodien bestehen aus bis zu sechs Strophen. Diese sind wiederum aus verschiedenen Teilstrophen zusammengesetzt. Noch bis zu einer Entfernung von 100 Kilometern können andere Wale diese Lieder wahrnehmen. Was die Forschenden am meisten verblüfft:

Alle Buckelwal-Männchen innerhalb eines bestimmten Gebiets singen dasselbe Lied! Allerdings verändert sich dieses von Jahr zu Jahr. Die Wale dichten neue Strophen hinzu, stellen Strophenteile um oder lassen sie ganz weg. Ihre Lieder entwickeln sich also ständig weiter! Wozu die Gesänge genau dienen, konnte die Wissenschaft bislang allerdings noch nicht herausfinden. Da nur die männlichen Tiere singen, vermutet man, dass sie mit ihren Gesangskünsten Weibchen beeindrucken wollen. Diese hören wahrscheinlich heraus, wie fit der Sänger ist und ob er ein attraktiver Partner wäre, um sich mit ihm zu paaren. Doch der Gesang könnte auch noch andere Funktionen haben: So vermuten manche Forschende, dass verschiedene Walgruppen auf diese Weise miteinander kommunizieren.

Tanz mir die Futterstelle!

Wie erklärt man den anderen, wo sich besonders gute Futterstellen befinden? Ganz einfach, man tanzt den Weg vor! Jedenfalls machen es Honigbienen auf diese Weise. Ist das Ziel in der Nähe, informiert eine Biene die anderen mit einem einfachen Rundtanz. Ist es weiter als 100 Meter vom Stock entfernt, führt sie den Schwänzeltanz auf: Dabei läuft die Biene eine Figur in Form einer Acht, während sie mit ihren Flügeln und dem Hinterteil wackelt. So erklärt sie den anderen Tieren, in welche Richtung sie fliegen müssen und wie weit die Futterquelle entfernt ist. Bei der Richtungsangabe orientieren sich die Bienen unter anderem am Stand der Sonne. Je weiter das Ziel entfernt ist, desto länger dauert die Vorführung und desto schneller bewegt sich das Tier. Die Biene tanzt meist im dunklen Bienenstock auf einer speziellen Tanzwabe. Diese gerät durch ihre Bewegungen in Schwingung. Die Bienen nehmen diese Signale über ihre Beine und Antennen auf. So erhalten auch weiter entfernte Tiere alle wichtigen Informationen.

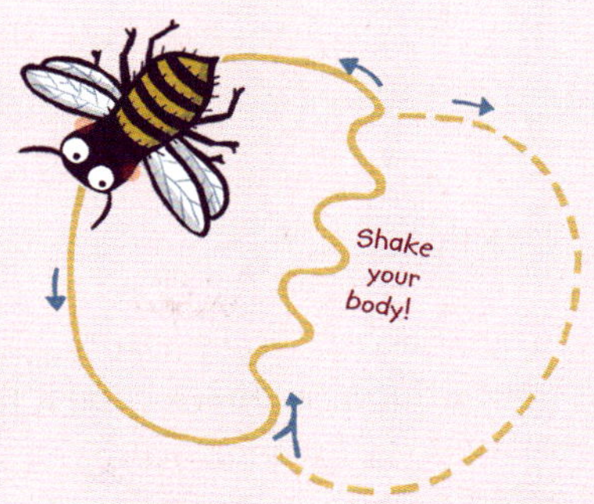

Guck doch mal, was ich hier habe!

Raben gelten als besonders kluge Tiere. Zwar klingt ihr Gesang für unsere Ohren eher nach heiserem Gekrächze, doch sie können sich damit hervorragend verständigen. Über 30 verschiedene Laute erzeugen die Vögel. Diese klingen knarrend, rülpsend, grunzend oder sirrend und manche ähneln sogar Xylofonklängen. Mit ihren Rufen machen sie vor allem auf Futterstellen aufmerksam. Aber sie verraten damit auch ihr Alter und ihr Geschlecht. Darüber hinaus verständigen sich die intelligenten Vögel mithilfe von Gesten. So heben sie mit ihrem Schnabel kleine Dinge wie Moose, Steine oder Zweige hoch, um sie anderen Raben zu zeigen. Ist deren Interesse geweckt, kommen sie näher heran. Und mitunter untersuchen sie dann gemeinsam das gefundene Objekt. Was sich für uns erst einmal wenig spektakulär anhört, hat es aber in sich. Denn solche hinweisenden Gesten gelten als wichtige Meilensteine bei der Entwicklung von Sprache. Und die Wissenschaft kannte sie bislang nur von Menschen und Menschenaffen.

Die Anfänge der Sprache

Wer sprach das erste Wort?

Soviel kann man bereits zu Beginn verraten: Wer wirklich das erste Wort gesprochen hat, wird wohl für immer ein Geheimnis bleiben. Denn die Entstehung der Sprache liegt viele Tausende, wenn nicht sogar Millionen Jahre in der Vergangenheit. Und da Wörter ziemlich luftige Gebilde sind, gibt es natürlich auch keine Wortfunde, die uns etwas über die Entstehung der Sprache erzählen könnten. Allerdings gibt es andere Fundstücke, die den Wissenschaftlerinnen und Wissenschaftlern erstaunliche Dinge über die Anfänge der Sprache erzählen. In diesem Kapitel reisen wir deshalb zurück in die Urzeit: Wir lernen unsere frühesten Vorfahren kennen und erfahren, wie aus dem Südaffen ein Homo sapiens, also ein „weiser Mensch", wurde. Dann machen wir kurz in der Steinzeit halt und schauen uns an, was die Menschen damals so trieben. Außerdem werfen wir einen Blick in die Höhlen unserer Urzeit-Verwandten. Denn darin gibt es bemerkenswerte Steinzeit-Kunst! Und natürlich statten wir auch unseren nächsten Verwandten, den Menschenaffen, einen Besuch ab. Was das alles mit unserer Sprache zu tun hat? Das erfährst du auf den nächsten Seiten.

Am Anfang war das Wort

Schon seit Tausenden Jahren machen sich Menschen Gedanken darüber, wie Sprache entstanden sein könnte. So dachten bereits die Philosophen im antiken Griechenland über den Ursprung der Sprache nach. Und auch in der Bibel finden wir dazu etwas. Die Bibel ist eine Sammlung von religiösen Texten des Christentums und Judentums, die teilweise bereits weit über 2000 Jahre alt sind. Die darin enthaltene Schöpfungsgeschichte erzählt, wie Gott die Erde erschuf und den Pflanzen, Tieren und Menschen einen Namen gab – sie also mit Wörtern benannte. Aber nicht nur Gott war nach dieser Erzählung der Sprache mächtig. Auch der erste Mensch konnte demnach schon von Beginn an sprechen. An einer anderen Stelle der Bibel können wir außerdem lesen:

„Im Anfang war das Wort, und das Wort war bei Gott, und Gott war das Wort."* Für die Verfasser der Bibel war der Ursprung der Sprache damit ein ganz klarer Fall: Das Wort, also die Sprache, ist eine göttliche Gabe. Gott hat den Menschen mit der Fähigkeit zu sprechen ausgestattet. Sprache hat sich dieser Theorie zufolge also nicht entwickelt, sondern war direkt mit dem Menschen da.

Wau-wau, Pfui-pfui oder Hauruck?

Theorien über den Ursprung der Sprache gibt es viele. So besagt die Wau-wau-Theorie, dass der Mensch zunächst Tierlaute nachahmte. Die Pfui-pfui-Theorie geht davon aus, dass die Sprache sich aus spontanen Lauten wie *Iiiiih!* oder *Aaah!* entwickelte. Und wer der Hauruck-Theorie anhängt, glaubt, dass Sprache beim gemeinsamen Arbeiten entstanden ist, als sich die Menschen aufmunternde Laute zuriefen. Was diese drei Theorien alle außer einem lustigen Namen gemeinsam haben: Es gibt keinerlei Beweise dafür!

Ein langer Weg

Heute wissen wir, dass der Mensch nicht von einem Augenblick auf den anderen auf der Erde erschien. Vielmehr hat er eine lange Entwicklung hinter sich, bis er zu dem wurde, was er heute ist. Seine Geschichte begann vor etwa 6 bis 7 Millionen Jahren. Damals trennten sich die Entwicklungslinien von Menschenaffen und Menschen. Während die einen weiterhin auf den Bäumen lebten, zogen die anderen auf den Boden, erlernten den aufrechten Gang und erschlossen sich damit bis dahin ungeahnte Möglichkeiten.

Auch bei der Sprache geht die moderne Wissenschaft davon aus, dass unsere Vorfahren nicht einfach zu sprechen begannen. Vielmehr bildete sich diese Fähigkeit langsam heraus. Um etwas mehr über die Sprachfähigkeiten unserer Urahnen zu erfahren,

---

* Die Bibelstelle stammt aus dem Johannes-Evangelium.

untersuchte man die wenigen Überreste, die von ihnen gefunden wurden: versteinerte Knochen und Werkzeuge. Damit war also zunächst die Archäologie gefragt. Das ist die Wissenschaft, die sich mit Knochen und Fundstücken aus längst vergangenen Zeiten beschäftigt.

Die Forschenden stellten sich vor allem zwei große Fragen: Ab wann hatten unsere Urahnen überhaupt die körperlichen Voraussetzungen, um sprechen zu können? Und ab wann begannen unsere Urahnen, sich mittels Sprache zu verständigen? Denn nur, weil sie theoretisch sprechen konnten, heißt das noch lange nicht, dass sie es auch taten!

Was die Knochen verraten

Was wir mit Sicherheit wissen: Der Körperbau des modernen Menschen hat sich seit etwa 150 000 bis 110 000 Jahren nicht mehr groß verändert. Der Hals mit Kehlkopf, der Schädel und die Kiefer sahen damals schon genauso aus wie heute. Daraus können wir schließen, dass der Mensch seitdem alle körperlichen Voraussetzungen besitzt, um sprechen zu können.

Doch um sich mittels Sprache verständigen zu können, braucht man auch eine geeignete „Denkzentrale“. Schließlich ist das Sprechen eine komplizierte Angelegenheit, bei der eine Menge Informationen verarbeitet werden müssen. So muss das Gehirn blitzschnell die Bedeutung der gesprochenen Wörter verstehen, eine Antwort verfassen und die entsprechenden Befehle an Stimmbänder, Zunge und Lippen weiterleiten, damit diese wiederum die richtigen Wörter für eine Antwort bilden. Eine großartige Leistung, für die es ein leistungsfähiges Gehirn braucht! Aber wie finden wir etwas über die Denkleistung von Menschen heraus, die vor vielen Hunderttausend Jahren ausgestorben sind?

Wie bilden wir Töne, Laute und Wörter?

Töne entstehen in unserem Kehlkopf. Das ist ein kugelförmiges Gebilde im Hals. Für die Erzeugung von Tönen sind vor allem zwei elastische Hautbänder in unserem Kehlkopf verantwortlich: die sogenannten Stimmlippen oder Stimmbänder, wie sie manchmal genannt werden. Zwischen diesen Bändern ist ein kleiner Spalt. Das ist die Stimmritze. Atmen wir normal, fließt die Luft meist ungehindert durch diese Ritze hindurch. Wollen wir einen Ton erzeugen, müssen die Stimmlippen angespannt werden. Dadurch schließt sich die Stimmritze. Die aus den Lungen strömende Luft bringt die Stimmlippen zum Schwingen und es entsteht ein Ton. Dieser wird nun in der Mund-, Nasen- und Rachenhöhle verstärkt, also lauter gemacht. Mit der Zunge, den Lippen und den Zähnen formen wir den Ton schließlich zu einem Laut: zum Beispiel zu einem *m, p, s* oder *o*. Setzen wir nun mehrere Laute zusammen, bilden wir ein Wort.

Übrigens: Bei einigen Lauten kannst du sogar spüren, wie deine Stimmlippen in Schwingung geraten! Lege einfach deine Finger auf den Kehlkopf und summe mal laut wie eine Biene: Merkst du, wie der Kehlkopf vibriert?

Dem Gehirn auf der Spur

Die Gehirne der Urzeitmenschen sind natürlich schon seit langer Zeit zu Staub zerfallen. Erhalten geblieben sind dagegen einige Schädelknochen. Und diese geben uns Auskunft über die Größe der Gehirne, die sich einst darin befanden. Das Denkorgan unseres frühesten Vorfahren, des Australopithecus, war in etwa so groß wie eine Orange. Die Schädelknochen geben außerdem noch weitere wichtige Hinweise, denn an den Schädelwänden haben die Gehirne Abdrücke hinterlassen. Und diese lassen sich mithilfe modernster Technik auslesen. So fanden die Forschenden heraus, dass das Gehirn der Australopitheci wahrscheinlich mehr Ähnlichkeiten mit dem Gehirn eines Affen hatte als mit dem eines Menschen. Daraus schlossen sie, dass die frühesten Menschen wohl noch nicht sprechen konnten.

 Weißt du's?

1974 fand man das Skelett eines weiblichen Australopithecus. Benannt wurde die kleine Urzeit-Frau nach einem Beatles-Song, der am Tag der Entdeckung im Forschercamp lief. Rate mal: Wie lautet ihr Name?

a Anna
b Mildred
c Lucy

Antwort: C Lucy, nach dem Song „Lucy in the sky with diamonds".

Großer Schädel = kluger Kopf?

An der Größe der Gehirne änderte sich lange Zeit nichts. Vor rund 3 bis 4 Millionen Jahren fing das Denkorgan allerdings plötzlich an zu wachsen. So hatte der damals lebende Homo erectus bereits ein doppelt so großes Gehirn wie der Australopithecus. Und das Gehirn wuchs noch weiter. Der Homo neanderthalensis, der vor rund 300 000 Jahren auf der Erde lebte, besaß schließlich ein dreimal größeres Denkorgan als die frühesten Menschen.

Möglich machte den heftigen Wachstumsschub wahrscheinlich ein spezielles Gen, das zu dieser Zeit aktiviert wurde. Es sorgte dafür, dass das Gehirn wuchs und sich immer mehr Nervenzellen bildeten. Diese machten das Gehirn dann im Laufe der Zeit zu einem Supercomputer, der zu erstaunlichen Leistungen fähig ist.

Größe ist nicht alles!

Viele Forschende sehen zwischen dem rasanten Gehirnwachstum und dem Erwerb der Sprache einen Zusammenhang: Erst indem die Denkzentrale größer und leistungsfähiger wurde, klappte es auch mit der sprachlichen Entwicklung. Ein großes Gehirn hat allerdings auch einen gravierenden Nachteil: Es braucht extrem viel Energie, um zu arbeiten. Und diese Energie muss der Körper erst einmal durch Nahrung zur Verfügung stellen. Vereinfacht kann man sagen: Viel Gehirn ist nur dann sinnvoll, wenn durch seine Denkleistung auch mehr Nahrung herangeschafft werden kann. Ansonsten nutzt einem die große Denkzentrale nämlich gar nichts! Zudem bedeutet ein großes Gehirn nicht unbedingt mehr Intelligenz. Wichtig ist auch, wie gut das Gehirn arbeitet und wie sehr die einzelnen Hirnregionen miteinander verschaltet sind. Ein großes, leistungsstarkes Gehirn ist also eine Grundvoraussetzung für den Erwerb der Sprechfähigkeit – aber um wirklich Sprechen zu können, braucht es noch einiges mehr!

Was ist eine „Art"?

Zu einer Art gehören alle Lebewesen, die sich miteinander paaren und zusammen Nachwuchs zeugen können. Außerdem müssen deren Kinder fruchtbar sein, das heißt, ebenfalls Nachwuchs zeugen können. Hier ein Beispiel: Ein Pudel und ein Dackel können miteinander Nachwuchs bekommen, der sich ebenfalls fortpflanzen kann. Pudel und Dackel gehören also zu einer Art. Auch der Esel und das Pferd können Nachwuchs erzeugen. Ist die Mutter ein Esel und der Vater ein Pferd, nennt man das Junge Maulesel, ist es umgekehrt, nennt man den Nachwuchs Maultier. Aber egal, ob Maultier oder Maulesel: die Tiere sind unfruchtbar, können sich also nicht weiter vermehren. Demnach gehören Esel und Pferd verschiedenen Arten an.

Seit wann benutzen die Menschen eine Sprache?

Aus den Knochenfunden lässt sich ungefähr schließen, dass der Mensch frühestens seit etwa 2 Millionen und spätestens seit 110 000 Jahren die körperlichen Voraussetzungen zum Sprechen hat. Unsere Vorfahren sind also schon seit langem **fähig**, zu sprechen! Aber seit wann verständigten sie sich tatsächlich mit Wörtern? Um diese Frage zu beantworten, versucht die Wissenschaft, mehr über das Leben der Urzeit-Menschen herauszufinden. Dazu wurden die Überreste von Werkzeugen und Gerätschaften sorgfältig und mit modernsten Methoden untersucht.

Die lange Entwicklung zum Homo sapiens

Menschen und Affen haben gemeinsame Vorfahren. Ihr Entwicklungsweg trennte sich vor rund 6 bis 7 Millionen Jahren. Nach und nach entwickelten sich verschiedene Menschenarten, von denen einige zeitweise gemeinsam auf der Erde lebten. Doch irgendwann starben fast alle aus. Nur der Homo sapiens, der vor rund 200 000 Jahren auf der Erde erschien, überlebte. Er ist die einzige heute existierende Menschenart.

Australopithecus

„der Südaffe“

Lebte vor: etwa 4 bis 1 Millionen Jahren
Vorkommen: Afrika
Größe: etwa 1,20 Meter
Gehirnvolumen: etwa 400 bis 550 Kubikzentimeter
Besondere Merkmale: Die Australopitheci sahen den Affen noch sehr ähnlich. Sie konnten aber bereits aufrecht gehen und hatten geschickte Hände.
Konnten sie sprechen? Nein.

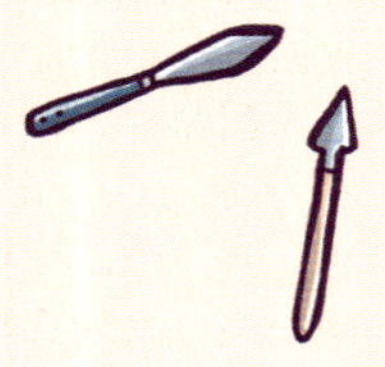

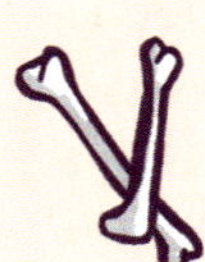

Homo habilis

„der geschickte Mensch“

Lebte vor: 2,1 bis 1,5 Millionen Jahren
Vorkommen: Afrika
Größe: etwa 1,45 Meter
Gehirnvolumen: etwa 500 bis 750 Kubikzentimeter
Besondere Merkmale: Homo habilis hatten ein schmaleres Gesicht, einen weniger affenähnlichen Körper und kleinere Zähne als die Australopitheci. Zudem konnten sie bereits erste Werkzeuge herstellen.
Konnten sie sprechen? Wahrscheinlich nicht.

Homo erectus

„der aufrechte Mensch“

Lebte vor: 1,8 Millionen bis 40 000 Jahren
Größe: etwa 1,65 Meter
Gehirnvolumen: 750 bis 1250 Kubikzentimeter
Vorkommen: Afrika, Asien, Europa
Besondere Merkmale: Der Homo erectus bevölkerte für rund 1,9 Millionen Jahre die Erde. Damit ist es die Menschenart, die bislang am längsten überlebte. Ihre Vertreter waren geschickte Werkzeugmacher. Sie erfanden vermutlich den Faustkeil und lernten, das Feuer zu nutzen. Außerdem verbreiteten sie sich auf mehreren Kontinenten.
Konnten sie sprechen? Wahrscheinlich ja. Man geht davon aus, dass sie sich sowohl mit Gebärden als auch mit einer frühen Lautsprache verständigten.

Was ist ein Faustkeil?

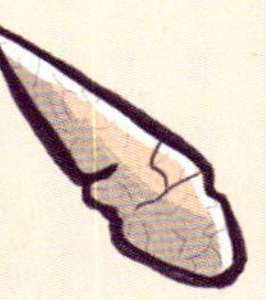

Ein Faustkeil war ein Universalwerkzeug, das die Menschen unter anderem zum Schneiden, Hacken oder Graben verwendeten. Er wurde aus einem Stein gefertigt, der so lange bearbeitet wurde, bis er scharfe Kanten und eine Spitze hatte.

Homo neanderthalensis

„Neandertaler"

Lebte vor: 300 000 bis 30 000 Jahren
Vorkommen: Europa und Asien
Größe: etwa 1,65 Meter
Gehirnvolumen: 1100 bis 1800 Kubikzentimeter
Besondere Merkmale: Die Art war groß, kräftig und robust. Der Homo neanderthalensis schaffte es als erste Art, eine Eiszeit zu überleben. Das Gehirn ihrer Vertreter war teilweise sogar größer als das des Homo sapiens. Sie entwickelten unterschiedlichste Werkzeuge, nutzten das Feuer und trugen Kleidung. Sie errichteten Zelte und bauten Kanus. Sie konnten planen und sich der Umgebung anpassen. Zudem gilt die Art als sozial: So kümmerte man sich um Kranke und beerdigte Tote.
Konnten sie sprechen? Sehr wahrscheinlich ja.

Homo sapiens

„der weise Mensch“

Lebte vor: 300 000 Jahren bis heute
Vorkommen: auf der ganzen Erde
Größe: etwa 1,75 Meter
Gehirnvolumen: 1250 bis 2000 Kubikzentimeter
Besondere Merkmale: Die Art lebte lange zur selben Zeit wie der Homo neanderthalensis. Ihre Vertreter bauten Hütten aus Holzpfosten und Steinen. Zudem entwickelten sie die Sprache weiter. Aus dem Homo sapiens ging dann der moderne, heute lebende Mensch hervor.
Konnten sie sprechen? Ja.

Warum der Homo neanderthalensis ausstarb, während der Homo sapiens weiterlebte, ist bis heute nicht genau geklärt!

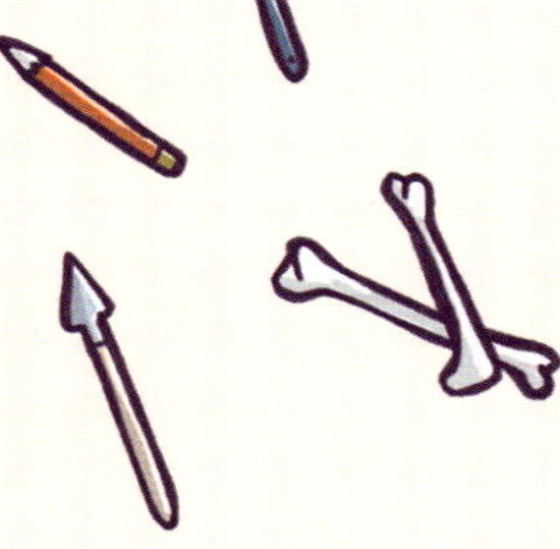

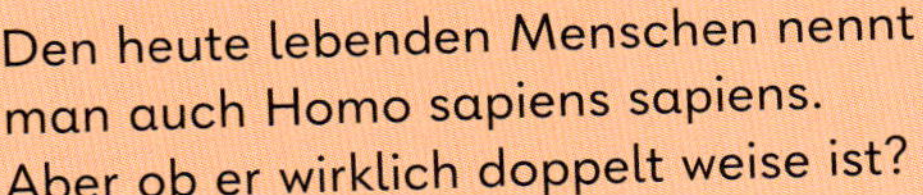

Den heute lebenden Menschen nennt man auch Homo sapiens sapiens. Aber ob er wirklich doppelt weise ist?

Seit wann gibt es Werkzeuge?

Die ältesten Werkzeugfunde sind rund 2,4 Millionen Jahre alt. Ihre Erstellung zeugt von einem gigantischen Fortschritt in der Menschheitsgeschichte! Denn um Werkzeuge herzustellen, mussten unsere Vorfahren zuerst eine Idee von dem Gegenstand haben, den sie bauen wollten. Dann mussten sie seine Herstellung planen können. Zusätzlich mussten sie in der Lage sein, sich zu merken, wie der Bau funktioniert. Denn nur dann lässt sich dieser Vorgang ja wiederholen. Und schließlich mussten sie einen Weg finden, dieses Wissen an andere weiterzugeben – damit auch die nächste Generation Werkzeuge bauen und weiterentwickeln konnte. Die Forschenden gehen deswegen davon aus, dass die Fertigkeit, Werkzeuge zu bauen, eng mit der Entwicklung der gesprochenen Sprache zusammenhängt. Denn sie ist ein perfektes Instrument für die Weitergabe von Informationen, Gedanken, Gefühlen und Vorstellungen. Aber was macht die gesprochene Sprache so besonders?

Mit Lauten und Körpersprache

Bevor die Menschen das Sprechen lernten, nutzten sie mit großer Wahrscheinlichkeit andere Methoden, um sich zu verständigen: zum Beispiel Gesten oder Laute wie Schreie oder Rufe. Sie kommunizierten also auf dieselbe Weise, wie wir es auch bei anderen Säugetieren beobachten. So kennt ein Hund ganz verschiedene Laute, mit denen er sich mitteilen kann: Er knurrt, winselt, heult, bellt, brummt, jault ... Jeder dieser Laute hat wiederum eine bestimmte Bedeutung, die von seinen Artgenossen und oft auch von anderen Lebewesen verstanden wird. So kann er Gefühle wie Angst, Freude, Wut oder Schmerz ausdrücken. Er kann einem anderen Tier drohen oder ihm zeigen, dass er friedlich gestimmt ist. Außerdem „spricht" er mit seinem ganzen Körper, um seiner Umwelt etwas mitzuteilen: So macht er sich groß, wenn er sich selbstsicher fühlt. Ist er wütend, stellt er seinen Schwanz steil auf. Er kann damit aber auch freundlich wedeln oder ihn ängstlich zwischen die Hinterbeine klemmen. Und auch mit seinen Ohren drückt er einiges aus – genauso wie mit seinen Augen und Gesichtszügen. Doch diese Verständigungsmethoden haben Grenzen: So lassen sich zwar hervorragend Gefühle ausdrücken. Und man kann vor Gefahr warnen oder signalisieren, dass man Hunger hat, müde ist oder nach draußen will. Aber mit solchen einfachen Lauten lässt sich kaum erklären, wie man einen Faustkeil schleift oder einen Bogen herstellt.

Wie verständigen sich unsere engsten Verwandten?

Einige Säugetiere nutzen außerdem noch eine andere Kommunikationsart: Sie verständigen sich mit bestimmten Bewegungen des Körpers. Das kann zum Beispiel ein Winken mit der Hand, ein Nicken mit dem Kopf oder ein bestimmtes Zeichen mit den Fingern sein. Und damit lässt sich schon einiges mehr ausdrücken.

Besonders gut im Gestikulieren sind Menschenaffen, also unsere nächsten noch lebenden Verwandten. Es lohnt sich daher ein genauerer Blick darauf. Schließlich waren unsere Urahnen den Affen noch sehr ähnlich. Zu den Menschenaffen gehören Schimpansen, Bonobos, Orang-Utans und Gorillas. Sie alle haben sehr geschickte Hände und Füße sowie einen extrem beweglichen Daumen. Damit können sie genau wie wir Menschen ganz präzise Hand- und Fingerbewegungen machen. Sie beherrschen beispielsweise alle den sogenannten Pinzettengriff, also das exakte Greifen mit Daumen und Zeigefinger.

Ausdrucksstarke Gesten

Wie unsere Vorfahren nutzen Menschenaffen auch schon einfache Werkzeuge. So schnappen sich Schimpansen ein Stöckchen, um Insekten aus kleinen Löchern zu pulen, oder sie nutzen Steine, um Nüsse aufzubrechen. Zudem sind es sehr soziale Tiere. Sie leben in Gruppen, teilen ihre Nahrung mit Schimpansen, die sie mögen, schließen Freundschaften, streiten sich oder spielen miteinander. Das geht alles natürlich nicht ohne Verständigung! Dazu nutzen sie neben Lauten und verschiedenen Gesichtsausdrücken eine Vielzahl von unterschiedlichen Gesten: So streckt ein Schimpansenweibchen den Arm aus, damit sein Baby auf seinen Rücken klettert. Oder ein Affe gibt einem anderen mit einer Kratzgeste zu verstehen, wo er gerne gekratzt werden möchte. Auch bei den Bonobos konnten die Forschenden solches Verhalten beobachten. So gibt es Gesten für „Putz mir das Fell!“, „Gib mir das!“, „Kommt näher!“ oder „Hör auf damit!“ – und die angesprochenen Artgenossen reagieren darauf!

Von unseren Vorfahren geerbt?

Genau wie die Menschenaffen verwenden auch wir Menschen unterschiedliche Gesten, um wortlos zu kommunizieren: Wir zeigen mit dem Finger in eine Richtung, wenn wir auf etwas hinweisen wollen. Oder wir schütteln mit dem Kopf, wenn wir anderer Meinung sind oder etwas ablehnen. Besonders gut kannst du das bei Babys und Kleinkindern beobachten, die noch nicht sprechen können. Viele unserer Gesten sind denen der Bonobos und Schimpansen sehr ähnlich. Deshalb vermuten einige Forschende, dass sowohl Menschen als auch Menschenaffen diese Gesten von unseren gemeinsamen Vorfahren geerbt haben.

Nicht alles geht mit Gesten

Allerdings kann man sich mit Gesten nicht über jedes beliebige Thema unterhalten. So kann man vielleicht auf einen anderen Affen zeigen, der sich noch in Sichtweite befindet. Aber wie soll man mit Gesten erklären, dass gestern ein fremder Artgenosse die Banane geklaut und sich aus dem Staub gemacht hat, während man selbst der Freundin das Fell gelaust hat? Denn über die Vergangenheit oder die Zukunft zu sprechen, ist mit einer beschränkten Anzahl von Gesten und Lauten kaum möglich. Erst recht lassen sich damit keine abstrakten Informationen weitergeben, wie zum Beispiel Matheformeln oder Fußballtaktiken.

Dafür braucht es schon eine Sprache mit einem großen Wortschatz und einer Grammatik, die das Bilden einer unendlichen Anzahl von Sätzen ermöglicht. Und diese muss dazu auch noch von anderen verstanden werden!

Sprache als Entwicklungsturbo

Auch wenn die Wissenschaft eifrig forscht: Woher die Sprache kommt und wie sie sich entwickelt hat, ist bis heute alles andere als klar. Was wir aber mit Sicherheit sagen können: Als die Menschen erst einmal anfingen zu sprechen, ging es mit ihrer Entwicklung rasant bergauf. Denn diese neue Fähigkeit brachte enorm viele Vorteile mit sich. So konnten die Menschen vorausplanen und ihr Wissen an andere Artgenossen weitergeben. Auch Gedanken und Ideen ließen sich nun viel leichter „in Worte fassen“ und anderen mitteilen. Die gesprochene Sprache erleichterte das Zusammenleben in der Gemeinschaft. Unsere Vorfahren konnten nun viel besser gemeinsam handeln. Und das erwies sich als Jackpot-Gewinn! Denn im Vergleich zu anderen größeren Säugetieren ist der Mensch seit Urzeiten eher schwächlich gebaut. Er ist bis heute nur mittelmäßig stark, kann im Vergleich zu anderen Tieren nicht besonders schnell laufen und auch seine natürlichen Waffen sind nicht besonders gut ausgeprägt: Er hat weder ein besonders gefährliches Gebiss noch ausgesprochen starke Krallen oder stoßkräftige Hörner. Die Urzeitmenschen konnten also nicht so gut jagen wie ein Säbelzahntiger und kamen allein auch nicht gegen die gewaltigen Mammuts an. Doch als sie begannen, Werkzeuge und Jagdwaffen zu erfinden, das Feuer zu kontrollieren und gemeinschaftlich zu handeln, wurde dieser Nachteil ausgeglichen. Und noch etwas veränderte sich mit der Entwicklung der Sprache: Die Menschen begannen sich gegenseitig Geschichten zu erzählen. Und das hatte wieder Auswirkungen auf das Zusammenleben in der Gruppe. Gemeinsam erfanden sie Legenden, Göttergeschichten und Mythen, an die sie glaubten und die sie an ihren Nachwuchs weitergaben. Dieser gemeinsame Glaube an eine Geschichte schweißte die Menschen enger zusammen und sorgte dafür, dass sie als Gemeinschaft noch besser zusammenarbeiteten. So wurden sie mithilfe der Sprache allmählich mächtiger als ihre sprachlosen Verwandten.

Die Eroberung der Erde

Vor rund 120 000 Jahren ging der Homo sapiens auf Wanderschaft. Er zog von Afrika nach Asien und erschien vor spätestens 40 000 Jahren auch in Europa. Er überquerte das Meer und kam bis nach Australien – so weit war bislang noch keine andere Menschenart gekommen!

Diese frühe Form des Homo sapiens war den heute lebenden Menschen bereits sehr ähnlich und auch sein Gehirn hatte dieselbe Größe. In Europa traf der Homo sapiens nun auf den Homo neanderthalensis. Für einige Tausend Jahre lebten die beiden Arten nebeneinander, bis der Neandertaler vor rund 30 000 Jahren ausstarb. Auch andere damals noch auf der Erde existierende Menschenarten starben mit der Zeit aus, bis der Homo sapiens schließlich als einzige Menschenart übrigblieb.

Die ersten Kunstwerke

Die frühen Homo sapiens zogen als Nomaden durch das Land und lebten vom Jagen und Sammeln. Mit der Zeit fertigten sie immer bessere Werkzeuge an und erfanden Neues. Sie begannen, miteinander Handel zu treiben, und waren ausgesprochen kreativ: So fand man kleine geschnitzte Figuren aus Knochen, Holz und

Elfenbein sowie gemalte Bilder an den Wänden von Höhlen. Diese zeigen zum Beispiel Handabdrücke, Scheiben, einfache Jagdszenen und die unterschiedlichsten Tiere. Besonders häufig malten die damaligen Menschen Urpferde, aber auch Mammuts, Bären, Hirsche, Wisente, Nashörner oder Löwen. Bis heute wissen wir nicht genau, warum die Menschen diese Bilder anfertigten. Die Wissenschaft vermutet aber, dass die Menschen nicht nur zeigen wollten, wie ein Tier aussah oder wie man es jagte. Viele der Bilder scheinen eher Kunstwerke zu sein, die zum Anschauen gedacht waren. Vielleicht waren sie auch Teil bestimmter Rituale oder halfen bei der Beschwörung der Götter.

Was hat Urzeit-Kunst mit unserer Sprache zu tun?

Viele Forschende sehen in den Höhlenmalereien einen Beleg dafür, dass die Menschen damals schon eine Sprache hatten. Etwas vereinfacht erklären sie das so: Wenn ein Mensch in der Steinzeit ein Mammut zeichnete, konnte er damit ganz leicht in der Höhle auf den Urzeit-Elefanten hinweisen, obwohl dieser gar nicht im Raum war. Er musste also nicht mehr mit dem Finger auf ein echtes Tier zeigen. Das Abbild reichte, und alle anderen Steinzeitmenschen wussten, welches Tier gemeint war. Die Zeichnung des Mammuts wird also ein Zeichen für ein bestimmtes Tier. Und dieses Zeichen konnten die Menschen nun überall verwenden. Auf ähnliche Weise funktionieren Wörter: Das Wort *Mammut* bezeichnet einen Urzeit-Elefanten, ganz unabhängig davon, ob gerade einer in der Nähe ist oder nicht. Die Wissenschaft sagt dazu: Ein Wort ist ein Zeichen für etwas, das du bezeichnen möchtest. Deshalb sind die gezeichneten Höhlenmalereien ein weiterer Hinweis darauf, dass die Menschen damals auch schon Begriffe für die dargestellten Tiere und Szenen hatten.

Die ersten Höhlenmalereien

In Afrika fand man Höhlenmalereien, die vor rund 73 000 Jahren gezeichnet wurden. Sie sind die bislang ältesten gefundenen Zeichnungen.

Die Ursprünge der Religion

Andere Steinzeit-Funde deuten darauf hin, dass die frühen Menschen vielleicht auch schon eine Art Religion hatten. So fand man Gräber, in denen reich geschmückte Tote lagen. Für die Wissenschaft ist das ein Anhaltspunkt dafür, dass sich die frühen Homo sapiens Gedanken darüber gemacht haben, ob es ein Leben nach dem Tod gibt. Denn sonst hätten sie ihre Toten vielleicht nicht so sorgfältig beerdigt.

Die frühen Homo sapiens haben anscheinend über Dinge nachgedacht, die man weder anfassen noch sehen kann – wie zum Beispiel den Tod. Sie – und vielleicht auch die Neandertaler – unterhielten sich also wahrscheinlich nicht nur über Mammuts, Jagdwaffen oder das Feuermachen, sondern auch über Gott und die Welt. Um solche abstrakten Vorstellungen auszudrücken, braucht es allerdings einen großen Wortschatz und die Fähigkeit, immer neue Sätze zu bilden. Daraus schließen die Forschenden, dass es auch schon eine Art Grammatik gab, die das Zusammensetzen von Wörtern und Sätzen regelte, sodass andere diese auch verstehen konnten. Auch deshalb geht man heute davon aus, dass spätestens zu diesem Zeitpunkt – also vor 40 000 Jahren – bereits Sprachen existierten, die unseren sehr ähnlich waren.

Und wann lernte der Mensch jetzt sprechen?

Auch wenn es noch eine Menge Fragen und ungelöste Rätsel gibt: Vieles spricht dafür, dass der Mensch frühestens vor 2,5 Millionen Jahren das Sprechen lernte. Denn damals begann er, Werkzeuge zu nutzen und das Feuer zu kontrollieren. Seine Hände wurden geschickter und sein Gehirn wurde größer und leistungsstärker. Zudem kann man sich ziemlich sicher sein, dass der Mensch vor rund 40 000 Jahren die Sprache beherrschte. Das ist zugegebenermaßen ein ziemlich großer Zeitraum. Aber genauer lässt er sich derzeit nicht eingrenzen.

Typisch menschlich?

Jetzt wissen wir zwar, seit wann der Mensch in etwa sprechen kann. Aber worin liegt nun der entscheidende Unterschied zwischen tierischer und menschlicher Kommunikation? Schließlich nutzen auch Schimpansen Laute, um sich mit anderen Artgenossen auszutauschen. Sie äußern Gefühle, bringen ihrem Nachwuchs bei, wie man ein Stöckchen als Werkzeug nutzt oder helfen sich gegenseitig bei der Fellpflege. Einige Wissenschaftlerinnen und Wissenschaftler gehen sogar davon aus, dass manche Tierarten ihre Laute nach bestimmten Regeln zusammensetzen. So haben sie bei Vögeln beobachten können, dass die Abfolge ihrer Töne bestimmten Regeln folgt. Sie sind also nicht willkürlich aneinandergereiht. Und auch Schimpansen scheinen eine Art Grammatik zu nutzen – auch wenn diese im Vergleich zur Grammatik der menschlichen Sprache sehr einfach ist. Darüber hinaus ist es einigen Menschen bereits gelungen, Schimpansen bestimmte Zeichen der Gebärdensprache beizubringen, mit der sich die Tiere dann mit dem Menschen verständigen konnten. Bedeutet das aber nicht, dass Tiere theoretisch vielleicht doch genauso sprechen können wie wir Menschen? Ganz genau lässt sich diese Frage nicht beantworten und es gibt auf diesem Gebiet noch eine Menge zu erforschen.

Koko, der sprechende Flachlandgorilla

Das Gorilla-Weibchen Koko wurde berühmt, weil es über 1000 Zeichen in der Gebärdensprache erlernte. Ihrer Trainerin zufolge konnte sie Wünsche äußern, Gefühle ausdrücken und sogar schwindeln!

Der entscheidende Unterschied?

Derzeit geht man in der Wissenschaft allerdings davon aus, dass es bei allen Ähnlichkeiten aber auch einen entscheidenden Unterschied zwischen menschlicher und tierischer Kommunikation gibt: So kann man in der Tierwelt überwiegend beobachten, dass sich Tiere untereinander ganz klare Botschaften übermitteln. Und diese drehen sich in der Regel um Futterbeschaffung, Gefahrenwarnung oder die Partnersuche. Typisch für den Menschen ist jedoch, dass er sich auch über Dinge unterhält, die weit über den konkreten Alltag hinausgehen: Menschen tuscheln, tratschen und halten Smalltalk. Sie erfinden Geschichten und stellen Vermutungen an: zum Beispiel, ob ihr Lieblingsverein diesmal die Meisterschaft gewinnt oder welchen Sinn das Leben hat.

Können Papageien sprechen?

Viele Papageien, die als Haustiere gehalten werden, können einzelne Wörter oder sogar ganze Sätze in „Menschensprache" krächzen. Sie haben nämlich genau wie einige andere Vögel ein erstaunliches Talent: Mit ihrer kräftigen Zunge können sie unzählige Laute aus ihrer Umgebung täuschend echt nachahmen. Auf diese Weise nehmen die geselligen Tiere Kontakt zu anderen auf. Einige Papageien schaffen es sogar nach längerem Training, bestimmte Dinge und Gegenstände richtig zu benennen. Trotzdem können sie nicht wirklich verstehen, was sie sagen – auch wenn sie echte Imitationskünstler sind!

Sie machen sich darüber Gedanken, warum die Sonne abends untergeht, wie man zum Mond reist oder wie Kartoffeln noch besser schmecken könnten. Sie stellen Theorien und Überlegungen an – und zwar wirklich über alles Mögliche! Diese Gedanken teilen sie nicht nur mit den Menschen in ihrer Umgebung, sondern auch mit Fremden auf der ganzen Welt. Und auch wenn man es nicht genau beweisen kann, so spricht doch vieles dafür, dass sich Tiere solche Gedanken nicht machen – und sich folglich auch nicht darüber unterhalten. Der Unterschied zwischen menschlicher und tierischer Kommunikation liegt demnach also nicht nur darin, **wie** sich Menschen und Tiere verständigen – sondern vor allem **worüber**!

Aber wenn Verständigung so wichtig für uns ist – warum sprechen die Menschen heute nicht nur eine Sprache, sondern ganz viele? Im nächsten Kapitel findet ihr darauf die Antworten.

Einzigartig? – Vielfältig!

Heutzutage musst du nicht weit reisen, um einer fremden Sprache zu begegnen: Wenn du draußen unterwegs bist, Musik hörst oder im Internet surfst, stößt du schnell auf „fremde Töne". Englisch, Französisch, Spanisch, Russisch, Türkisch, Persisch, Japanisch ... Auch wenn du vielleicht nicht immer weißt, *welche* Sprache da gerade erklingt – du hast garantiert schon viele verschiedene gehört!

Aber wäre es nicht viel einfacher, wenn alle Menschen dieselbe Sprache sprechen würden? Und weshalb gibt es überhaupt so viele verschiedene Sprachen? Um das herauszufinden, gehen wir in diesem Kapitel auf Weltreise: Wir machen uns auf die Suche nach den Ursprachen, stellen ein kleines Gedankenexperiment an und lernen schnell ein paar Brocken Türkisch und Chinesisch. Anschließend setzen wir über auf eine wilde Insel im Pazifik und machen danach in Australien Halt, wo wir das Volk der Guugu Yimidhirr treffen. Wir erkunden außerdem, was es mit dem Sprachensterben auf sich hat und wie wir vom Aussterben bedrohte Sprachen noch retten können. Also, los geht's!

Ein grausames Experiment

Der antike griechische Geschichtsschreiber Herodot berichtete von einem grausamen Experiment: Vor rund 2700 Jahren herrschte in Ägypten der Pharao Psamtik I. Dieser wollte herausfinden, welche Sprache die Menschen ursprünglich sprachen. Deshalb nahm er zwei neugeborene Kinder und ließ sie in einem abgelegenen Haus aufwachsen. Nur ein einziger Hirte hatte Kontakt zu den beiden, um sie zu versorgen. Ihm war es allerdings streng verboten, mit den Kindern zu sprechen! Denn der Pharao ging davon aus, dass die Ursprache in uns steckt und zum Vorschein kommt, wenn wir keine andere Sprache sprechen. Als sie zwei Jahre alt waren, streckten die Kinder der Erzählung nach dem Hirten ihre Arme entgegen und gaben einen Laut von sich, der sich wie *becos* anhörte. Das ist das phrygische Wort für „Brot". Die Phryger waren ein altes antikes Volk, das in der heutigen Türkei lebte. Für den Pharao war damit klar: Die Sprache der Phryger war die erste, ursprüngliche Sprache des Menschen! Im Laufe der Jahrhunderte sollen auch andere Herrscher ähnliche Versuche durchgeführt haben. So kam der schottische König Jakob IV. angeblich zu dem Schluss, dass die Ursprache Hebräisch sein müsse. Ob diese Experimente tatsächlich stattgefunden haben, wissen wir nicht genau. Aber das ist letztendlich auch nicht wichtig: Denn die geschilderten Experimente beweisen nur, dass Kinder ohne Kontakt zu anderen Menschen verkümmern und sich nicht richtig entwickeln können. Für die Sprachwissenschaft spielen diese Experimente keine Rolle. Und die Ursprünge der Sprachen erforscht man heute auf anderen Wegen.

Gab es eine Ursprache?

Lange Zeit ging die Wissenschaft davon aus, dass sich alle Sprachen der Welt aus einer einzigen Ursprache entwickelt hätten. Heute ist man sich aber weitestgehend einig, dass es nicht nur eine einzige „Mutter aller Sprachen" gab. Vielmehr sind an mehreren Orten der Erde unabhängig voneinander Sprachen entstanden. Und diese sind wiederum die Urahninnen unserer heutigen Sprachen.

Wie entstehen neue Sprachen?

Wie neue Sprachen entstehen, kann man wunderbar mit einem kleinen Gedankenexperiment erklären: Stell dir vor, es gibt eine große Gruppe von Menschen, die alle dieselbe Sprache sprechen. Und sagen wir, die Gruppe lebt am Meer in einer Gegend, in der es immer warm ist. Nun zieht ein Teil dieser Gruppe an einen anderen, weit entfernten Ort in den Bergen. Hier ist alles ein bisschen anders: die Natur, die Pflanzen, die Tiere – sogar das Licht scheint hier andere Farben zu haben. Es ist außerdem kälter und im Winter schneit es sogar. Die Menschen, die hier neu ankommen, sehen also Dinge und Lebewesen, die sie noch nie in ihrem Leben gesehen haben. Und das wirkt sich natürlich auch auf ihre Sprache aus. Denn schließlich müssen die neuen Tiere, Pflanzen, Eindrücke und Erfahrungen ja auch neu benannt werden. Unsere Neuankömmlinge erfinden also neue Wörter, die es in ihrer alten Sprache noch nicht gab. Und die die Daheimgebliebenen daher auch nicht kennen! Ein erster Schritt in Richtung neue Sprache ist also gemacht. Aber ein paar neue Wörter reichen natürlich noch nicht aus.

Eine ganz neue Mischung

Stell dir jetzt weiter vor, dass unsere Neuankömmlinge auf eine andere Gruppe von Menschen treffen. Diese leben schon immer in den Bergen und sprechen eine ganz andere Sprache. Die beiden Gruppen kommen miteinander ins Gespräch und tauschen sich aus. Erst nur mit Händen und Füßen. Aber mit der Zeit lernen sie die Sprache der anderen zu verstehen. Außerdem tauschen die Gruppen zum Beispiel nützliche Wörter oder Redewendungen untereinander aus, sodass sich die beiden Sprachen immer mehr vermischen. Mit der Zeit werden sich die beiden Sprachen auf diese Weise immer ähnlicher. Immer neue Wörter kommen hinzu und alte Wörter werden anders ausgesprochen, leicht verändert oder fallen ganz weg. Auch Sätze werden nun immer öfter anders gebildet. Am Anfang fallen die Veränderungen noch gar nicht so stark auf, aber nach einer Weile werden die Unterschiede zur Ursprungssprache immer größer.

Vom Dialekt zur neuen Sprache

Nachdem viele Jahre vergangen sind, stattet die ausgewanderte Gruppe ihrer alten Heimat noch einmal einen Besuch ab. Hier staunen die Menschen nicht schlecht, als die Besucherinnen und Besucher zu sprechen beginnen: Denn das Gesprochene hört sich ziemlich komisch an! Zwar können sie das meiste noch verstehen – aber ist das wirklich noch die gleiche Sprache?

Und je mehr Zeit verstreicht, desto größer werden die Unterschiede. Denn es verändert sich ja nicht nur die Sprache der Ausgewanderten. Auch die Sprache in der alten Heimat entwickelt sich weiter. Aus der einen Ursprungssprache, die die beiden Gruppen gesprochen haben, sind zwei verschiedene Ausprägungen von Sprache geworden. Man nennt diese auch Dialekte.

Irgendwann sind die Unterschiede dann schließlich so groß, dass die beiden Gruppen sich nicht mehr verstehen können. Und aus der Ursprungssprache ist schließlich über viele Generationen hinweg eine neue Sprache entstanden.

Latein: Die Mutter vieler Sprachen

Aus einer Ursprungssprache können sich also viele neue Sprachen entwickeln. Ein tolles Beispiel dafür ist Latein. Das ist nämlich die Urahnin vieler europäischer Sprachen. Ursprünglich wurde Latein von den Latinern gesprochen. Diese lebten vor rund 2600 Jahren in der Region Latium rund um die Stadt Rom. Rom war damals noch eine ganz unbedeutende Stadt. Allerdings sollte sich das im Laufe der nächsten Jahrhunderte radikal ändern. Denn nach und nach eroberten die Römer einen Großteil Europas und schufen das mächtige Römische Reich. Um 117 nach Christus reichte das Imperium von den britischen Inseln im Westen Europas bis hin zur Nordküste Afrikas und von der iberischen Halbinsel, also dem Gebiet des heutigen Spaniens und Portugals, bis in die Türkei und nach Syrien im Osten.

Was ist ein Dialekt?

Überall in Deutschland wird Deutsch gesprochen. Aber je nachdem, wo du gerade bist, kann das Deutsch unterschiedlich klingen. Diese verschiedenen Arten oder Varianten der deutschen Sprache nennen wir Dialekt. Das Wort stammt aus dem Griechischen. Übersetzt bedeutet es so viel wie „Gespräch" oder „Redeweise". In Deutschland gibt es unzählige Dialekte: Manche werden nur noch von ganz wenigen Menschen gesprochen. Andere sind nach wie vor weit verbreitet.
In einem Dialekt werden viele Wörter ganz anders ausgesprochen als in dem Deutsch, das du aus der Schule oder aus dem Fernsehen kennst. Außerdem hat jeder Dialekt seine eigenen Wörter. Und oft werden auch die Sätze anders zusammengebaut. Es gibt also eigene grammatische Regeln. Deshalb klingen die Dialekte zunächst fremd, wenn du sie zum ersten Mal hörst. Trotzdem kannst du viele davon schnell verstehen, wenn du dich an den ungewohnten Klang gewöhnt hast – und wenn sich der oder die Sprechende etwas Mühe gibt, verständlich zu klingen!
Manche Dialekte sind dagegen für dich nur sehr schwer zu verstehen – vor allem dann, wenn diese aus einer weiter entfernten Region stammen. Denn je weiter zwei Regionen voneinander entfernt liegen, desto mehr unterscheiden sich in der Regel die gesprochenen Dialekte. So klingen die Dialekte im Norden Deutschlands ganz anders als die im Süden. Und natürlich gibt es solche sprachlichen Eigenheiten nicht nur im Deutschen! Auch Englisch, Französisch, Spanisch und viele andere Sprachen haben verschiedene Dialekte.
Ob eine Art zu sprechen noch ein Dialekt ist oder schon eine neue Sprache – darüber ist sich die Wissenschaft nicht immer einig.

Die offizielle Sprache in diesem gigantischen Gebiet war Latein. Mit den römischen Eroberern verbreitete sich auch das Lateinische schnell in den Straßen, Dörfern und Städten der eroberten Gebiete. Allerdings sprachen die Menschen es überall ein bisschen anders. Schließlich kamen auch die römischen Soldaten und Beamten aus den verschiedensten Regionen des riesigen Reichs, wo

Vereinfacht können wir aber sagen: Alle Arten einer Sprache, die innerhalb eines Landes in verschiedenen Regionen gesprochen werden, sind Dialekte einer Sprache. Zudem werden Dialekte meist gesprochen und nur selten geschrieben.
Etwas komplizierter wird es, wenn man sich das Deutsche in anderen Ländern anschaut: Denn die Menschen in Österreich sprechen zum Beispiel ein anderes Deutsch als in der Schweiz oder in Deutschland. Und in jedem der drei Länder sprechen die Menschen wiederum ganz unterschiedliche Dialekte! Aber das schauen wir uns später noch einmal genauer an.

unterschiedliche lateinische Dialekte gesprochen wurden. Zudem vermischte sich das Lateinische allmählich mit den Sprachen der ursprünglichen Bevölkerung. Auf diese Weise entstanden wieder ganz neue lateinische Dialekte. Doch trotz der Unterschiede konnten sich die Menschen lange Zeit im ganzen Römischen Reich problemlos mit Latein verständigen.

Weißt du's?

In einem winzig kleinen Staat in Europa wird heute noch Latein gesprochen. Weißt du, in welchem?

a Liechtenstein
b Vatikanstadt
c San Marino
d Malta

Lösung: In Vatikanstadt ist bis heute Latein die Amtssprache. Hier leben rund 800 Menschen. Das Oberhaupt ist der Papst, der gleichzeitig auch das Oberhaupt der katholischen Kirche ist.

Aus einer werden viele

Ab etwa 600 nach Christus ging die Herrschaft der Römer jedoch zu Ende. Das riesige Reich zerfiel in kleinere Gebiete, die von unterschiedlichen Herrschern regiert wurden. Die lateinischen Dialekte entwickelten sich in den einzelnen Regionen auf ganz unterschiedliche Weise weiter. Schließlich wurden die Unterschiede so groß, dass aus den verschiedenen Dialekten selbstständige Sprachen wurden: Heute spricht man in Portugal Portugiesisch, in Spanien Spanisch, in Italien Italienisch, in Rumänien Rumänisch und in Frankreich Französisch, daneben aber auch andere Sprachen. Insgesamt gibt es derzeit rund 15 Sprachen, die ihre Wurzeln im Lateinischen haben. Und ihre Verwandtschaft siehst du ihnen auch an. So werden viele Wörter ähnlich geschrieben und es gibt Ähnlichkeiten im Aufbau der Sätze. Gleichzeitig unterscheiden sich die Sprachen aber so sehr voneinander, dass du dich zum Beispiel in Italien nicht einfach mit Französisch verständigen kannst.

Wer ist mit wem verwandt?

Sprachen sind also dann miteinander verwandt, wenn sie eine gemeinsame Vorfahrin haben. Das ist bei uns Menschen ja auch nicht anders. Um mehr über den familiären Stammbaum einer Sprache herauszufinden, müssen wir allerdings tief in der Sprachgeschichte graben.

Sieht (fast) gleich aus!

Italienisch, Spanisch, Französisch und Portugiesisch ...
Aus dem Lateinischen haben sich viele Sprachen entwickelt. Aber manche Wörter sind nahezu gleichgeblieben – auch wenn sie zum Teil anders ausgesprochen werden. Hier ein paar Beispiele:

Lateinisch	Italienisch	Spanisch	Französisch	Portugiesisch
lupus (Wolf)	lupo	lobo	loup	lobo
luna (Mond)	luna	luna	lune	lua
terra (Erde)	terra	tierra	terre	terra

In Europa unterscheidet man drei große Verwandtschaftsgruppen: Da gibt es zunächst die Gruppe der romanischen Sprachen, die sich aus dem Lateinischen entwickelt haben. Dann gibt es noch die Gruppe der slawischen Sprachen und die Gruppe der germanischen Sprachen, zu denen unter anderem das Deutsche zählt. Zudem existieren noch kleinere europäische Sprachgruppen mit jeweils nur wenigen Sprachen.

Woher kommen die germanischen Sprachen?

Als die gemeinsame Vorfahrin der germanischen Sprachen hat die Wissenschaft das Urgermanische ausgemacht. Darüber lässt sich allerdings nicht besonders viel sagen. Denn anders als beim Lateinischen gibt es keine Funde oder schriftlichen Nachweise. In der Sprachwissenschaft geht man davon aus, dass das Urgermanische vor rund 3000 Jahren gesprochen wurde – wobei es wahrscheinlich damals schon in viele Dialekte unterteilt war. Die slawischen Sprachen schließlich gehen vermutlich alle auf das „Urslawische“ zurück, über das man ebenso wenig weiß wie über das Urgermanische.

Germanisch, slawisch oder romanisch?

Über die romanischen Sprachen haben wir ja bereits gesprochen. Zu den **slawischen Sprachen** gehören zum Beispiel Russisch, Ukrainisch, Polnisch, Belarussisch, Tschechisch und Kroatisch. Zu den germanischen Sprachen zählen unter anderem Deutsch, Englisch, Schwedisch, Norwegisch, Dänisch und Niederländisch, aber auch Afrikaans. Das ist eine Sprache, die in Südafrika gesprochen wird.

Gemeinsame Wurzeln

Vergleicht man die germanischen Sprachen mit den slawischen und romanischen Sprachen, fällt ganz schnell auf: Auch zwischen ihnen gibt es Gemeinsamkeiten! Haben sie also ebenfalls alle eine gemeinsame Vorfahrin? Das wollten die Wissenschaftlerinnen und Wissenschaftler natürlich auch wissen. Deshalb haben sie die Wurzeln der einzelnen Sprachen soweit wie möglich zurückverfolgt – bis zur Großmutter sozusagen. Und so haben sie schließlich herausgefunden, dass die romanischen, slawischen und germanischen Sprachen alle zur sogenannten indoeuropäischen Sprachfamilie gehören. Übrigens genau wie die iranischen Sprachen. Dazu zählt unter anderem das Persische, das im Iran, im Irak oder in Afghanistan gesprochen wird. Die Familienbande reichen also weit über Europa hinaus.

Sehr wahrscheinlich haben sich die romanischen, slawischen und germanischen Sprachen vor spätestens 5000 Jahren aus der indoeuropäischen Ursprache entwickelt. Das war das Zeitalter der Jungsteinzeit. Damals wurden die Menschen nach und nach sesshaft. Sie begannen, Landwirtschaft zu betreiben und Vieh zu halten. Auch das Rad und die Schrift hatten sie gerade erfunden.

Eine riesengroße Familie

Die indoeuropäische Sprachfamilie ist tatsächlich die größte Sprachfamilie der Welt – zumindest, wenn man nach der Anzahl der Sprecherinnen und Sprecher geht. Auf Platz zwei folgt die sino-tibetische Sprachfamilie, zu der viele asiatische Sprachen gehören – zum Beispiel das chinesische Mandarin. Insgesamt gibt es rund 140 verschiedene Sprachfamilien auf der Erde. Ob diese vielleicht auch noch ältere gemeinsame Verwandte haben? Darüber können wir nur Vermutungen anstellen, denn schriftliche Zeugnisse gibt es nicht.

Eine uralte Sprache

Zu den ältesten Sprachen in Europa, die heute noch existieren, zählt das Baskische. Es wird von rund 900 000 Menschen gesprochen, die vor allem in Südfrankreich und Nordspanien leben. Das Besondere am Baskischen: Die Sprache ist mit keiner anderen verwandt!

Andere Sprache, andere Regeln

Nun wissen wir also, woher die Sprachen stammen und welche Sprachen miteinander verwandt sind. Aber worin liegen genau die Unterschiede zwischen den Sprachen? Und gibt es vielleicht auch Gemeinsamkeiten?

Ein Tier, viele Namen

Alle Sprachen bestehen aus einem großen Wortschatz und einer Grammatik – so nennt man die Regeln, nach denen man Wörter und Sätze zusammenbaut. Zudem bestehen alle gesprochenen Sprachen aus unterschiedlichen Lauten. Und diese Laute werden wiederum zu gesprochenen Wörtern zusammengesetzt. Aber das war es auch schon fast mit den Gemeinsamkeiten: Denn in jeder

Sprache haben sich die Menschen andere Wörter ausgedacht, um sich zu verständigen. Hier mal ein Beispiel: Wie nennst du das kleine hoppelnde Nagetier mit den langen Ohren, das gerne Möhren knabbert? Na klar: *Hase!* Jedenfalls heißt es auf Deutsch so. In anderen Sprachen hat man sich allerdings auf andere Wörter geeinigt. So nennt man das Tier auf Finnisch *jänis*, auf Italienisch *lepre*, auf Englisch *rabbit* und auf Kroatisch *zec*. Es gibt also in jeder Sprache ein anderes Wort für das Hoppeltier. Daher müssen wir zwangsläufig auch immer Vokabeln pauken, wenn wir eine andere Sprache lernen wollen.

Wie unterscheidet sich die Grammatik?

Aber nicht nur die Wörter selbst unterscheiden sich von Sprache zu Sprache: Auch die Baupläne für Wörter und Sätze können sehr verschieden sein. Vor allem dann, wenn die Sprachen nicht näher miteinander verwandt sind.

Das kann man sehr gut an einigen Beispielen zeigen. Fangen wir mal mit dem Deutschen an: Hier kann sich ein einzelnes Wort, je nachdem wofür du es brauchst, ziemlich stark verändern. So verwandelt sich *gehen* in *ging*, wenn es die Vergangenheit ausdrücken soll. Zum Beispiel das Verb in dem Satz: *Ich ging gestern in die Schule.* Auch Adjektive und Nomen können sich ganz schön verändern: So werden aus einer *Maus* viele *Mäuse*, sobald sich die Nagetiere vermehren. Und aus *gut* wird *besser*, wenn du ausdrücken möchtest, dass sich etwas gesteigert hat, zum Beispiel: *Ich spreche gut Englisch. Aber in Deutsch bin ich besser.*

Für Menschen, die Deutsch lernen, kann das ganz schön kompliziert werden! Vor allem deshalb, weil viele Wörter im Deutschen unregelmäßig gebildet werden. Das heißt, es gibt häufig keine Regel dafür, wie sich ein Wort verändert: Bei *gehen* muss man einfach lernen, dass es in der Vergangenheit *ging* heißt – und nicht *gehte*.

Wie ist das Türkische aufgebaut?

Im Türkischen dagegen geht man ganz anders vor: Hier hängt man für jede neue Information, die ein Wort transportieren soll, eine Endung ans Wort an. Klingt kompliziert? Für Türkisch sprechende Menschen ist es aber ganz normal! Wie es funktioniert, kannst du an diesem Beispiel sehen:

Wenn du auf Türkisch etwa *In meinen Häusern* sagen möchtest, brauchst du dafür nur ein einziges Wort. Nämlich: *evlerimde*.
ev heißt „Haus“ oder „das Haus“.
evler heißt „die Häuser“.
evlerim bedeutet „meine Häuser“. Und
evlerimde bedeutet schließlich „in meinen Häusern“.

Ein Wort wird also mit jeder Information, die man hinzufügt, um eine Endung länger.

Eifrige Sprachensammler

Viele Zahlen in diesem Buch stammen aus „Ethnologue“. Das ist eine Datenbank, in der alle bekannten Sprachen der Welt gesammelt werden. Derzeit sind hier 7139 noch lebende Sprachen aufgelistet. Andere Forschende kommen zum Teil auf andere Zahlen. Aber da es auf einige Sprachen mehr oder weniger in unserem Buch nicht ankommt, eignet sich „Ethnologue“ prima, um etwas über die Sprachenvielfalt auf der Welt zu erfahren.

Und wie geht’s auf Chinesisch?

Im chinesischen Mandarin wiederum verändern sich die einzelnen Wörter gar nicht. Stattdessen gibt es bestimmte Wörter, die wie Markierungen funktionieren. Diese Markierungen zeigen beispielsweise an, dass etwas in der Vergangenheit geschieht oder ein Wort in der Mehrzahl steht. Auch das kann man am besten an einem Beispiel erklären:

1. 我学中文 ist ein Satz auf Chinesisch. Wenn Du die Wörter in unserer Schrift schreibst, steht da: *Wo xue Zhongwen*. Das bedeutet übersetzt: „Ich lerne Chinesisch."
2. Das Zeichen 我 heißt auf Deutsch „ich". Das Zeichen 学 steht für „lernen". Die beiden Zeichen 中文 bedeuten „Chinesisch". Wortwörtlich übersetzt heißt der Satz also: „Ich lernen Chinesisch".
3. Und was machst du jetzt, wenn du sagen willst: „Ich habe Chinesisch gelernt"? Ganz einfach: Du fügst ein Wort ein, das die Vergangenheit ausdrückt. Das heißt im Chinesischen *guo*. Und das passende Zeichen dazu sieht so aus: 过.
   Es trägt die Bedeutung „Zeit vergehen". Der chinesische Satz heißt dann also 我学 过 中文. Oder in unserer Schrift:
   Wo xue guo Zhongwen.
   Übersetzt bedeutet das: „Ich habe Chinesisch gelernt."

Übrigens: Das Chinesische hat noch eine Besonderheit. Denn auch wenn verschiedene Wörter sehr ähnlich klingen – sie können eine komplett andere Bedeutung bekommen, wenn du sie etwas anders ausspricht. Der Satz *ma ma ma ma* ins Deutsche übersetzt kann zum Beispiel bedeuten: „Die Mutter schimpft das Pferd." Dabei wird jedes *ma* anders ausgesprochen. Verändert man die Aussprache, kann der der Satz aber auch bedeuten: „Das Pferd schimpft die Mutter."

Das Reich der Mitte

Das chinesische Wort für *China* bedeutet übersetzt „Reich der Mitte". Es wird deshalb auch mit zwei Zeichen geschrieben: dem Zeichen für „Mitte" 中 und dem Zeichen für „Reich" 国. Das Wort für Chinesisch besteht ebenfalls aus zwei Zeichen: 中文. Denn 文 bedeutet „Sprache".

Wie viele Sprachen gibt es auf der Welt?

STOPP! Bevor Du weiterliest:

Rate mal: Wie viele Sprachen gibt es derzeit auf der Erde?

Leider lässt sich auch diese Frage mal wieder nicht mit 100-prozentiger Sicherheit beantworten. Denn das Zählen von Sprachen ist kompliziert und die Anzahl verändert sich ständig! So lässt sich oft nicht genau trennen, ob man gerade noch einen Dialekt oder schon eine neue Sprache vor sich hat. Zudem stoßen die Forschenden immer wieder auf neue Sprachen. Und gleichzeitig sterben unentwegt Sprachen aus und verschwinden von der Bildfläche.

Derzeit geht man in der Wissenschaft aber von mindestens 6000 Sprachen aus, die auf der Erde gesprochen werden. Manche Quellen kommen sogar auf über 7000 Sprachen. Eine ganz schön große Zahl! Vor allem, wenn du bedenkst, dass es „nur“ rund 200 Staaten auf der Welt gibt.

Aber wo spricht man denn all diese Sprachen? In Europa jedenfalls nicht! Denn hier ist die Sprachenvielfalt vergleichsweise klein. In den derzeit 47 Ländern des Kontinents werden insgesamt rund 290 Sprachen gesprochen. Rein rechnerisch sind das immerhin etwa 6 Sprachen pro Land. Hört sich doch erst mal gar nicht so schlecht an, oder? Von wegen! In Afrika oder Asien werden jeweils über 2000 verschiedene Sprachen gesprochen. Und selbst im relativ kleinen Australien und Ozeanien, zu dem auch Neuseeland und die vielen Inselstaaten drum herum gehören, zählt man über 1000 verschiedene Sprachen.

Andere Sprachen, andere Schriften

A, B, C, D ... Im Deutschen und in vielen anderen Sprachen schreiben die Menschen mit dem lateinischen Alphabet. Es besteht aus 26 Buchstaben von A bis Z. Diese gibt es einmal groß und einmal klein. Gelesen wird von links nach rechts. Doch es gibt auch andere Sprachen, für die die Menschen ganz andere Schriften nutzen.

Alle Wörter, die wir hier vorstellen, bedeuten „Tiger". In den Klammern findest du das Wort noch einmal in der jeweiligen Sprache, aber mit lateinischen Buchstaben geschrieben, damit du weißt, wie man es ausspricht.

τίγρη (tigri) **Griechisch**
In Griechenland verwenden die Menschen die griechische Schrift. Diese besteht aus 24 Buchstaben, die es, genau wie in unserer Schrift auch, als Groß- und Kleinbuchstaben gibt. Die griechische Schrift war wahrscheinlich die erste Buchstabenschrift. Von ihr stammt unter anderem unsere lateinische Schrift ab.

тигр (tigr) **Kyrillisch**
Die kyrillische Schrift wird auch Kyrilliza genannt. Sie besteht aus 33 Buchstaben und wird zum Beispiel in Russland, Belarus, Bulgarien, Serbien, Mazedonien und vielen anderen Ländern genutzt. Unser Beispiel kommt aus der russischen Sprache.

虎 (tora) **Kanji**
Kanjis (das sprichst du *Kandschis* aus) sind Schriftzeichen aus Japan. Sie stammen ursprünglich aus der chinesischen Sprache. Im Prinzip hat jedes Kanji, also jedes Zeichen, seine eigene Bedeutung. Das heißt aber nicht, dass es für jedes Wort auch genau ein Kanji gibt. Das Wort für die japanische Hauptstadt Tokio wird zum Beispiel mit dem Zeichen für Osten 東 und dem Zeichen für Hauptstadt 京 gebildet.

호랑이 (ungefähr: horang'i) **Hangul**
Hangul ist der Name der koreanischen Schrift. Sie gilt als sehr leicht zu lernen – auch wenn das für uns auf den ersten Blick vielleicht nicht so ausschaut. Insgesamt gibt es 10 Vokale (Selbstlaute) und 14 Konsonanten (Mitlaute). Diese werden durch verschiedene Zeichen dargestellt. Um eine Silbe zu bilden, werden mehrere Zeichen von oben nach unten zu einer Zeichengruppe zusammengefügt. Mehrere Zeichengruppen ergeben wiederum ein Wort. Hier ein Beispiel:
Die erste Silbe des koreanischen Wortes für Tiger lautet „ho". Die Zeichengruppe dafür sieht so aus: 호. ㅎ ist das Zeichen für h. ㅗ ist das Symbol für o. Du liest also die Silbe von oben nach unten. Die Zeichengruppen werden dann wiederum von links nach rechts gelesen.

نمر (namir) **Arabisch**
Die arabische Schrift ist die am weitesten verbreitete Schrift der Welt. Sie wird nicht nur für die arabische Sprache, sondern auch für viele andere verwendet, zum Beispiel für Persisch oder Kurdisch. Sie besteht aus 28 Buchstaben. Anders als im Lateinischen schreibt man sie allerdings von rechts nach links.

טיגריס (tigris) **Ivrit**
Auch die hebräische Schrift wird von rechts nach links gelesen. Sie hat 22 Buchstaben, die alle Konsonanten sind. Vokale werden, wenn überhaupt, nur als Punkt oder Strich dargestellt. Meist werden sie aber erst gar nicht geschrieben. Die Lesenden müssen sie dann selbst ergänzen. Diese Schrift wird zum Beispiel in Israel genutzt.

Große oder kleine Sprache?

Die Sprachen sind also ziemlich ungleich auf den Kontinenten verteilt. Besonders spannend wird's aber, wenn wir jetzt noch einen Blick auf die Bevölkerungszahlen der Kontinente werfen: Denn in Australien und Ozeanien leben mit Abstand die wenigsten Menschen. Trotzdem werden dort viel mehr Sprachen gesprochen als im dicht besiedelten Europa. Das bedeutet also, dass es in Europa zwar vergleichsweise wenige Sprachen gibt, diese aber zumindest im Durchschnitt von viel mehr Menschen gesprochen werden. Umgekehrt gibt es in Australien und Ozeanien zwar eine große Menge verschiedener Sprachen, die aber im Durchschnitt von nur sehr wenigen Menschen genutzt werden. Eine Sprache, die nur wenige Sprecherinnen und Sprecher hat, nennen wir ab jetzt „kleine Sprache". Eine Sprache, die dagegen von vielen Menschen gesprochen wird, bezeichnen wir als „große Sprache".

In Europa werden relativ viele große Sprachen gesprochen. Zum Beispiel Englisch, Spanisch, Französisch, Portugiesisch oder Deutsch. Diese gehören zu den Top-12 der am meisten gesprochenen Sprachen in der Welt!* Wobei man beim Zählen beachten muss, dass nicht alle Sprechenden in Europa leben: So spricht man in Australien Englisch, im südamerikanischen Brasilien Portugiesisch und im in Mittelamerika gelegenen Mexiko Spanisch. Zusammenfassend kann man sagen: Fast die Hälfte der Weltbevölkerung spricht eine der 12 großen Sprachen.

Eine Insel mit vielen Sprachen

Vor allem in Afrika und in Asien lassen sich unzählige kleine Sprachen finden, die nur wenige Tausend Sprecherinnen und Sprecher haben. Die allermeisten Sprachen haben die Forschenden in Neuguinea entdeckt. Das ist eine große Insel im Pazifik, zu der unzählige weitere Inseln gehören. Der Osten der Insel bildet zusammen mit vielen kleineren Inseln den Staat Papua-Neuguinea, der zu Ozeanien gezählt wird. Der Westteil der Insel gehört zu Indonesien. Über die Hauptinsel zieht sich ein breites Gebirge mit hohen Bergen. Es gibt über 100 Vulkane, die zum Teil noch aktiv sind. Und weite Teile der Insel sind mit undurchdringlichen tropischen Regenwäldern bedeckt. Bis heute gibt es auf Neuguinea und den dazugehörigen Inseln rund 1000 einheimische Völker. Ihre Heimat sind die abgeschiedenen Täler und schwer zugänglichen Landschaften. Einige dieser Völker leben nach wie vor ganz isoliert. Das heißt, sie halten sich fern von außenstehenden Menschen. Deshalb ist es auch nicht verwunderlich, dass auf der Insel sehr viele kleine Sprachen gesprochen werden: Allein im Staat Papua-Neuguinea sind es schätzungsweise 840. Das sind fast dreimal so viele wie in ganz Europa zusammen. In keinem anderen Land der Welt herrscht eine so enorme Sprachenvielfalt! Der Nachbarstaat Indonesien, zu dem die zweite Inselhälfte

---

* Gezählt hat man hier alle Menschen, die eine Sprache als Muttersprache oder als Zweitsprache sprechen.

Rekordverdächtig!

Rund 900 Millionen Menschen auf der Erde haben die chinesische Sprache Mandarin als Muttersprache. Dieser Begriff bezeichnet die Sprache, die ein Mensch als erste lernt. Damit ist das Mandarin die meistgesprochene Sprache der Welt. Zählt man zu den Muttersprachlerinnen und Muttersprachlern aber auch noch die Menschen mit Zweitsprache hinzu, ändert sich das: Denn dann übernimmt das Englische mit rund 1,1 Milliarden Sprecherinnen und Sprechern die Führung. Als Zweitsprache bezeichnen wir die Sprache, die ein Mensch erst nach der Muttersprache lernt, die er aber genauso dringend für sein Alltagsleben braucht – zum Beispiel, weil er in der Schule eine andere Sprache spricht als zu Hause mit den Eltern. Oder weil er in ein fremdes Land gezogen ist.

gehört, kommt immerhin auf rund 700 verschiedene Sprachen. Das ist Platz 2 in der Rekordliste. Auf Platz 3 liegt der afrikanische Staat Nigeria, in dem noch über 500 unterschiedliche Sprachen gezählt werden.

Mehr oder weniger Sprachen?

Die Anzahl der gesprochenen Sprachen auf der Welt verändert sich stetig. Und das hat nicht nur damit zu tun, dass die Forschenden weltweit unterschiedlich zählen. Vielmehr nimmt die Sprachenvielfalt auf der Erde langsam ab. Auf den ersten Blick mag das verwundern: Schließlich nimmt die Anzahl der Menschen auf der Welt doch immer weiter zu. Müsste es für mehr Menschen nicht auch mehr Sprachen geben? Es ist aber genau das Gegenteil der Fall. Etwa alle zwei Wochen verschwindet eine Sprache. Die Wissenschaft schätzt, dass bis zum Ende des 21. Jahrhunderts die Hälfte aller jetzt noch gesprochenen Sprachen ausgestorben sein wird. Die Lage ist also ernst!

Wie kann eine Sprache sterben?

Im Prinzip ist die Frage einfach zu beantworten: Eine Sprache verschwindet, wenn es keine Menschen mehr gibt, die sie sprechen. Und dieses Schicksal erleiden vor allem kleine Sprachen, die nur von wenigen Menschen gesprochen werden. Aber warum geben so viele Menschen ihre Sprache auf? Und kann man gegen das Sprachensterben etwas tun?

Die Welt rückt zusammen

Viele kleine Sprachen sterben aus, weil sie sich gegen größere Sprachen nicht durchsetzen können. Einen besonderen Schub gibt dieser Entwicklung die Globalisierung. Vielleicht hast du diesen Begriff schon mal in einem anderen Zusammenhang gehört: zum Beispiel in Gesprächen über den Klimawandel oder den weltweiten Handel mit Waren und Gütern. In dem Wort *Globalisierung* steckt der Begriff *global*. Das bedeutet so viel wie „die ganze Erde betreffend“. Damit ist gemeint, dass sich die Menschen

Tot oder lebendig?

Einst war das Lateinische eine Weltsprache, die fast überall in Europa gesprochen wurde. Heute gilt es als tote Sprache. Schließlich gibt es keine Muttersprachlerinnen und Muttersprachler mehr, die mit Latein aufwachsen. Trotzdem steht das Lateinische an vielen Gymnasien auf dem Unterrichtsplan. Im Vatikanstaat gilt es als Amtssprache und in der Wissenschaft nutzt man viele lateinische Fachbegriffe. Man muss also unterscheiden: Als Alltagssprache ist das Lateinische vor vielen Hundert Jahren ausgestorben. Trotzdem überlebte Latein als „Sprache der Wissenschaft“. Unzählige Texte aus der Medizin, den Naturwissenschaften, der Philosophie, der Rechts- oder Religionswissenschaft wurden in Latein verfasst. Und bis heute bekommen neu entdeckte Tiere und Pflanzen lateinische Namen. Damit ist das Lateinische in gewisser Weise doch noch ganz schön lebendig.

aus verschiedenen Ländern der Erde immer stärker miteinander vernetzen. So tauschen sich weltweit Wissenschaftlerinnen und Wissenschaftler über ihre Forschungsergebnisse aus. Politikerinnen und Politiker aller Ländern treffen sich, um für globale Probleme wie den Klimawandel gemeinsam eine Lösung zu finden. Und durch den internationalen Handel gibt es bei uns Waren aus aller Welt. Das bringt eine Menge Vorteile mit sich: Wir können zum Beispiel exotische Früchte in unseren Supermärkten kaufen oder fremde Kulturen kennenlernen. Zudem verbreitet sich neues Wissen rasend schnell um die Welt. Doch es gibt auch viele Nachteile und Probleme. Denn die Globalisierung sorgt mit dafür, dass Kulturen und Traditionen verlorengehen: Wenn alle immer enger zusammenrücken, wird sich auch alles immer ähnlicher. Wenn zum Beispiel große Kleidungsunternehmen überall auf der Welt ihre Filialen eröffnen und die Menschen überall dieselben Kleidermarken kaufen – dann tragen sie eben auch überall dieselben Hosen, T-Shirts, Röcke und andere Kleidung.

Große Sprache – bessere Chancen

Und was hat das jetzt mit der Sprachenvielfalt zu tun? Na, ganz einfach: Immer mehr Menschen lernen Englisch, Spanisch, chinesisches Mandarin, Russisch oder eine andere große Sprache. Denn damit können sie sich schließlich in vielen Ländern der Welt verständigen – und das ist in einer globalisierten Welt enorm wichtig! So hoffen die Menschen, dass sie mit einer der großen Sprachen auch eine bessere Chance auf ein gutes Leben bekommen, zum Beispiel weil sie dann mehr Erfolg im Beruf haben, mehr verdienen und ihre Kinder besser versorgen können. Häufig geht das aber auf Kosten der kleinen Sprachen, die gegenüber den größeren an Bedeutung verlieren.

Wenn Sprachen unterdrückt werden

Die meisten Menschen geben ihre Sprache allerdings nicht freiwillig auf. In der Regel gehen Sprachen verloren, weil ein Volk unterdrückt wird. Ein Beispiel dafür sind die Sprachen der indigenen Völker in Amerika. Als die europäischen Siedlerinnen und Siedler den Kontinent eroberten, vertrieben sie die ursprünglichen Bewohner und Bewohnerinnen aus ihrer Heimat. Außerdem wurden sie gezwungen, ihre Traditionen und Sprachen aufzugeben. So durften sie ihre Sprachen nicht mehr sprechen, ihre Tänze nicht mehr tanzen und ihre Bräuche und Rituale nicht mehr ausführen. Die Menschen mussten von nun an Englisch sprechen. Wer sich daran nicht hielt, wurde bestraft. Deshalb sind heute viele Sprachen der ursprünglichen Bevölkerung Amerikas ausgestorben oder akut vom Aussterben bedroht.

Dass kleine Völker und Stämme von einer herrschenden Mehrheit unterdrückt werden, kommt leider bis heute in vielen Regionen der Erde vor. Häufig geben die Eltern dann ihre Sprache nicht mehr an ihre Kinder weiter. Sie sprechen auch zu Hause mit ihnen in der herrschenden Mehrheitssprache statt in ihrer eigenen, traditionellen. Denn sie fürchten, dass die Kinder ansonsten in der Schule gemobbt werden oder später keinen guten Beruf finden. Sie geben also ihre Sprache auf, um nicht diskriminiert zu werden.

Auch in Deutschland sterben Sprachen

Sprachen sterben nicht nur in weit entfernten Ländern. Auch in Deutschland sind allein 13 kleine Sprachen gefährdet. Dazu gehören die friesischen Sprachen, die an der norddeutschen Küste und auf den dort liegenden Inseln gesprochen werden, sowie das Sorbische. Das ist die Sprache der Sorben, die in Brandenburg und Sachsen leben. Auch das Alemannische und Ostfränkische, die im Süden Deutschlands zu Hause sind, sind vom Aussterben bedroht.

Tödliche Gefahren

Besonders schlimm ist es, wenn ganze Völker brutal ausgelöscht und die Menschen ermordet werden – zum Beispiel bei politischen Unruhen und Kriegen. Viele indigene Völker sind außerdem akut bedroht, weil ihr Lebensraum zerstört wird: So werden beispielsweise jeden Tag große Flächen Regenwald abgeholzt. Wenn aber die Wälder verschwinden, wird auch die Existenz der Menschen zerstört, die darin leben und dort ihre Nahrung finden.

Und den isoliert lebenden Völkern droht eine weitere, tödliche Gefahr, und zwar in Form von Krankheiten, die Außenstehende zu ihnen bringen. Weil die Menschen so abgeschottet leben, haben sie gegen viele Bakterien und Viren nämlich keine Abwehrkräfte. So können Krankheiten, die für uns harmlos sind, für sie tödliche Folgen haben. Viele isolierte Völker meiden deshalb jeden Kontakt zu anderen Menschen, um sich vor solch verheerenden Krankheiten zu schützen.

Wenn aber ein Volk stirbt, dann verschwindet mit ihm immer auch eine ganze Kultur mit all ihrem Wissen, ihren Erfahrungen und ihrer Sprache.

Wenn eine Sprache stirbt …

dann stirbt mit ihr immer auch eine Kultur – da ist sich die Wissenschaft ausnahmsweise mal einig. Denn jede einzelne Sprache hat immer auch ihre ganz besonderen Eigenheiten. Mit der Sprache verschwinden dann nicht nur Bezeichnungen für Pflanzen und Tiere, Gefühle und religiöse Vorstellungen – auch die Geschichten der Sprechenden und ihre Wurzeln, also die Verbindung zu ihrer Vergangenheit und ihren Vorfahren, gehen für immer verloren.

Die Welt mit anderen Augen sehen

Jede Sprache verrät immer auch etwas über die Denkweise der Menschen, die sie sprechen. Was damit gemeint ist, kann man sehr gut an der Sprache der Guugu Yimidhirr erklären. Die Guugu Yimidhirr leben in Australien. Ihr Stamm gehört zu den Aborigines. So nennt man die ursprüngliche Bevölkerung des Kontinents. Das Besondere an ihrer Sprache: Die Guugu Yimidhirr haben keine Wörter für „rechts“ und „links“. Sie verwenden auch nicht die Wörter *vor* oder *hinter*. Stattdessen nutzen sie die Himmelsrichtungen, wenn sie eine Richtungsangabe machen oder eine Position beschreiben wollen. Statt *Biege an der Ecke* *links ab!* würden sie sagen *Biege hier nach Süden ab!* Wenn sie dich auffordern würden, etwas zur Seite zu rücken, könnte das heißen *Rücke ein bisschen nach Osten*. Und wenn du sie fragst, wo dein Buch liegt, antworten sie möglicherweise *am Südrand des westlichen Tisches.** Für uns sind solche Richtungsangaben ganz schöne Herausforderungen: Denn bei einer Wegbeschreibung der Guugu Yimdhirr muss man immer wissen, wo Norden, Süden, Westen oder Osten liegt. Wer das nicht weiß, biegt garantiert falsch ab!

Ein innerer Kompass

Wenn wir in Deutschland und Europa einen Weg oder die Position eines Gegenstandes beschreiben, nehmen wir immer unseren eigenen Körper als Ausgangspunkt. Das kannst du ganz leicht nachprüfen: Stelle Dich so neben einen Stuhl, dass deine rechte Hand auf der Stuhllehne liegt. Der Stuhl steht jetzt also rechts neben dir. Wenn Du dich nun um 180 Grad um deine eigene Achse drehst, bis dein Gesicht in die andere Richtung schaut, dann steht der Stuhl links von dir. Bei der Richtungsangabe „rechts“ oder „links“ muss man also immer den Standpunkt des Betrachters oder der Betrachterin mit einbeziehen. Wir stellen dabei also uns selbst in den Mittelpunkt.

Bei den Guugu Yimidhirr ist das ganz anders: Wo sich der eigene Körper befindet, spielt bei ihren Wegbeschreibungen keine Rolle. Wichtig sind nur die geografischen Himmelsrichtungen, die immer gleich bleiben. Das ist wie bei einem Kompass: Du kannst das Gehäuse drehen und verschieben wie du willst, die Kompassnadel bleibt ruhig und zeigt unbeirrt in Richtung Norden.

---

* Die Beispiele stammen alle aus einem Buch von Guy Deutscher, in dem er die Sprache der Guugu Yimidhirr genauer beschreibt. Der Titel lautet: „Im Spiegel der Sprache – Warum die Welt in anderen Sprachen anders aussieht“.

Flöten, Trommeln, Gebärden

Wenn wir in diesem Buch von „Sprache“ reden, ist in der Regel die gesprochene Sprache gemeint. „Sprechen“ kann man aber natürlich auch auf andere Weise!

Ich pfeif dir was!

Eine Nachricht pfeifen? Das klappt prima! Zumindest in den Regionen der Erde, in denen die Menschen Pfeifsprachen nutzen. Auf der Insel La Gomera zum Beispiel. Da kommt die Pfeifsprache El Silbo her. Bevor es Telefone gab, war sie für die Inselbevölkerung ein extrem nützliches Verständigungsmittel. Denn die Landschaft dort ist sehr bergig und zerklüftet. Indem sich die Inselbewohner Nachrichten zupfiffen, konnten sie sich über die unwegsamen Täler und Schluchten hinweg unterhalten. Die zwitschernden Pfeiftöne sind immerhin bis zu 8 Kilometer weit zu hören! Der Klang von El Silbo erinnert an die gesprochene spanische Sprache. Im Grunde besteht sie nur aus den Vokalen A, E, I und O und den Konsonanten C, H, Y, G und K, die in Pfeiftöne umgewandelt werden. Und damit lässt sich nahezu alles pfeifen – von der Wettervorhersage über die Speisekarte bis hin zu den neuesten Nachrichten.
Vor einiger Zeit wäre El Silbo allerdings fast ausgestorben. Um die Sprache zu retten, begann man damit, sie in der Schule zu unterrichten. Mit Erfolg! Heute pfeifen sich auf der Insel auch die Kinder wieder Nachrichten zu.

Getrommelte Nachrichten

Auch Trommeltöne eignen sich hervorragend dazu, Nachrichten über weit entfernte Strecken zu übermitteln. Vor allem in den tropischen Regenwäldern in Afrika, Südamerika und Mittelamerika findet man viele verschiedene Trommelsprachen. Aber auch in anderen Teilen der Welt kommen sie zum Einsatz. Viele ahmen den Rhythmus der jeweils gesprochenen Sprache nach, um eine Nachricht zu transportieren. Eine der ältesten Trommelsprachen in Mittelamerika ist die Sprache der Bora. Die Bora sind im Amazonas-Regenwald in Kolumbien und Peru zu Hause. Ihre getrommelten Botschaften sind manchmal noch in 20 Kilometer Entfernung zu hören. Im Durchschnitt bestehen sie aus 15 Wörtern. Das entspricht ungefähr 60 Trommelschlägen.

Mit Gebärden sprechen

Menschen, die nur schlecht oder gar nicht hören können, verständigen sich häufig mit Gebärdensprachen. Damit lässt sich alles ausdrücken, was man auch mit einer gesprochenen Sprache sagen kann. Wie der Name schon sagt, kommen dabei keine Töne, sondern Gebärden zum Einsatz. Man kann diese Sprache also sehen statt hören. Gebärden sind spezielle Zeichen, die die Sprechenden mit den Händen formen. Je nachdem, wo diese ausgeführt werden, erhalten sie eine andere Bedeutung. Es macht also einen Unterschied, ob sie nah oder weit am Körper, vor dem Kopf, der Brust oder am Bauch ausgeführt werden. Kombiniert werden die Gesten zudem mit bestimmten Gesichtsausdrücken. Auf diese Weise fügen die Sprechenden weitere Details hinzu. Zusätzlich zu den Gebärden gibt es außerdem ein Fingeralphabet. Damit können die Sprechenden zum Beispiel einen Namen buchstabieren. Oder sie verwenden es, wenn sie die Gebärde für ein selten genutztes Wort nicht kennen.
In vielen Ländern der Welt haben sich die unterschiedlichsten Gebärdensprachen entwickelt: Heute zählt man über 200 verschiedene. In Deutschland spricht man zum Beispiel die Deutsche Gebärdensprache oder kurz: DGS. Sie ist eine vom gesprochenen Deutschen ganz unabhängige Sprache. Das heißt, sie hat eine ganz eigene Grammatik und Struktur. So steht das Verb (Tunwort) grundsätzlich am Ende. Nur bei einer Frage folgt am Schluss noch ein Fragewort.

Ein Wort reist um die Welt

Ein Wort aus der Sprache der Guugu Yimidhirr hat es bis zu uns nach Deutschland geschafft! *Känguru* kommt nämlich von *ganurru* – dem Wort der Guugu Yumidhirr für das Bergkänguru. Der Entdecker James Cook dachte irrtümlich, dass damit alle hüpfenden Beuteltiere gemeint waren, und führte den Begriff in Europa ein.

Damit ein solches System funktioniert, müssen die Guugu Yimidhirr immer wissen, wo Norden, Süden, Westen oder Osten ist. Und das tun sie tatsächlich! Sie haben also eine Art inneren Kompass. Ganz schön beeindruckend, oder? Und die Sprache der Guugu Yimidhirr ist keine Ausnahme! Rund 30 % der Sprachen richten sich bei Richtungs- oder Ortsangaben nach den Himmelsrichtungen. Allerdings sind das meist eher kleine Sprachen, deren Sprecherinnen und Sprecher in der Nähe des Äquators leben. Deshalb wissen wir davon meist nichts und glauben, dass es in allen Sprachen ein Rechts und ein Links geben muss.

Rettet die Sprachenvielfalt!

Zum Glück haben mittlerweile immer mehr Menschen verstanden, warum Sprachenvielfalt so wichtig ist. Deshalb versucht man seit einigen Jahren, vom Aussterben bedrohte Sprachen zu schützen. Und das kann gelingen. Zum Beispiel, indem man die Zweisprachigkeit fördert. So gibt man den Menschen die Möglichkeit, eine Mehrheitssprache UND ihre traditionelle Sprache zu lernen.

Außerdem versucht man vielerorts, die kulturelle Vielfalt zu fördern und gegen Diskriminierung vorzugehen: Minderheitensprachen sollen also wieder als etwas Wertvolles angesehen werden. Und für die Sprecherinnen und Sprecher soll es kein Nachteil sein, wenn sie eine kleine Sprache sprechen. Auf diese Weise kommt die Weitergabe an die nächste Generation wieder in Schwung.

Wie die samischen Sprachen gerettet wurden

Ein Beispiel für eine geglückte Sprachenrettung sind die samischen Sprachen. Diese werden vor allem in Teilen von Norwegen, Schweden und Finnland gesprochen. Die Samen zählen zur Urbevölkerung Skandinaviens. Sie leben bereits seit über 2000 Jahren in diesen Gebieten. Im 19. Jahrhundert wurde ihnen jedoch verboten, ihre Sprachen in den Schulen zu sprechen. Für die Kinder wurde das zum echten Problem: Denn jetzt fand der Unterricht ausschließlich in Schwedisch, Norwegisch oder Finnisch statt. Doch zu Hause bei ihren Familien wurde häufig nur eine samische Sprache gesprochen. So gaben viele Eltern ihre Muttersprache auf, damit ihre Kinder früher die Mehrheitssprache des Landes lernten und besser in der Schule zurechtkommen konnten. Immer weniger Kinder lernten die samischen Sprachen, bis sie vom Aussterben bedroht waren. Doch es kam zum Glück anders! Heute werden die samischen Sprachen in Norwegen, Schweden und Finnland wieder als offizielle Minderheitensprachen angesehen. Und dort, wo die Samen leben, werden ihre Sprachen auch in den Schulen unterrichtet. Die samischen Sprachen überlebten – und mit ihnen auch die samische Kultur.

Von den Toten auferstanden

Im englischen Cornwall wurde einst Kornisch gesprochen. Allerdings starben die letzten Kornischsprechenden Menschen bereits vor langer Zeit aus. Deshalb hat man versucht, die Sprache wiederzubeleben: Und zwar mit Erfolg! Heute gibt es wieder Menschen, die „Neukornisch" sprechen. Zwar nur wenige – aber immerhin.

Wer hätte gedacht, dass in einem Buch über Sprache so viele Zahlen vorkommen! Aber damit ist jetzt auch erst mal Schluss. Im nächsten Kapitel nehmen wir das Deutsche etwas genauer unter die Lupe. Dazu reisen wir unter anderem zurück in das dunkle Mittelalter. Mal schauen, was uns da so alles begegnet ...

Wer hat das Deutsche erfunden?

Im letzten Kapitel haben wir schon einiges über die Herkunft der deutschen Sprache erfahren: So wissen wir bereits, dass Deutsch zu den germanischen Sprachen gehört – genau wie etwa Englisch, Schwedisch oder Niederländisch. Zudem gehen alle germanischen Sprachen auf eine gemeinsame Vorfahrin zurück, das sogenannte Urgermanisch. Allerdings wissen wir über das Urgermanische nur sehr wenig, weil es kaum schriftliche Zeugnisse davon gibt.

Aber wann ging es denn nun richtig los mit dem Deutschen? Um das herauszufinden, müssen wir tief in die Geschichte Europas eintauchen: Zuerst werden wir uns genauer anschauen, wer die Germanen überhaupt waren. Dabei lernen wir einen römischen Feldherrn kennen, machen Bekanntschaft mit einer Hunnenhorde und treffen auf fränkische Herrscher. Anschließend werfen wir einen Blick in mittelalterliche Klosterstuben, lauschen den Minnesängern an den adligen Höfen und sehen uns auf den Märkten in den mittelalterlichen Städten um. Außerdem schauen wir uns zwei spektakuläre Erfindungen genauer an und zum Schluss lernen wir noch zwei Märchenonkel und einen Mann kennen, der uns den Rechtschreibunterricht eingebrockt hat. Neugierig geworden? Na, dann los!

Wer waren die Germanen?

Und genau mit dieser Frage fangen die Probleme schon an: Denn ein einziges germanisches Volk hat es nie gegeben. Vielmehr waren die „Germanen“ ein ganz schön wilder Haufen. Der Begriff fasst nämlich verschiedene Stämme zusammen, die zum Teil herzlich wenig miteinander zu tun hatten – außer, dass sie alle in einem Gebiet lebten, das zwischen den Flüssen Rhein, Donau und Weichsel lag, also grob gesagt in Mitteleuropa. Eine weitere Gemeinsamkeit war, dass ihre Sprachen und Dialekte miteinander verwandt waren. Allerdings klangen diese trotzdem noch so unterschiedlich, dass sich die Stämme nicht ohne Weiteres untereinander verständigen konnten. Überhaupt blieb meist jeder Stamm für sich und nur selten schlossen sie sich mit anderen zusammen.

Aufgeschrieben haben die Germanen nur sehr wenig. Man hat zwar Helme und Gegenstände mit germanischen Inschriften gefunden. Aber diese verraten nicht sonderlich viel über ihr Leben. Übrigens wissen wir nicht einmal, woher der Name „Germanen" überhaupt stammt. Bis heute rätselt die Wissenschaft über dessen Ursprung. Manche nehmen an, das Wort komme aus dem Lateinischen, andere vermuten, dass es aus dem Keltischen oder einer germanischen Sprache stamme. Und da wir seine Herkunft nicht kennen, ist auch seine Bedeutung ein absolutes Rätsel.

Da hatten wir es bei den romanischen Sprachen schon leichter! Denn diese stammen schließlich alle vom Lateinischen ab, das im Römischen Reich gesprochen wurde. Und weil die Römer eine Menge aufgeschrieben haben, kann man noch heute aus ihren

Geheimnisvolle Schriftzeichen

Zum Schreiben nutzten die Germanen zunächst sogenannte etruskische Buchstaben. Die Etrusker waren ein antikes Volk, das im heutigen Italien lebte. Vor etwa 2750 Jahren entwickelten sie eine spezielle Buchstabenschrift, die man von rechts nach links schrieb. Später verwendeten die Germanen dann verschiedene Runenschriften. Diese funktionieren ähnlich wie unsere lateinischen Buchstaben. Die Germanen nutzten sie vor allem für Inschriften auf Helmen, Schwertern, Denkmälern oder anderen Dingen. Bis heute gelten die Runenzeichen als ziemlich geheimnisvoll: So besitzen sie in vielen Fantasy-Romanen magische Kräfte. Vielleicht hast du schon mal von dem Buch „Der Herr der Ringe" von J. R. R. Tolkien gehört: Da kommen häufig Runen vor, zum Beispiel auf Schwertern, Helmen und in Grabkammern. Für sein Buch hat Tolkien sogar extra eine eigene Runenschrift entwickelt.

Schriften viel über sie erfahren. Zum Glück haben die Römer aber nicht nur über sich selbst, sondern auch über andere Völker geschrieben – unter anderem über die Germanen. Und so kommt es, dass vieles, was wir heute über das Leben der Germanen in der Antike wissen, aus den Schriften der römischen Gelehrten stammt.

Wer hat die Stämme „Germanen“ genannt?

Das waren jedenfalls nicht die Germanen selbst. Denn die konnten mit dem Namen überhaupt nichts anfangen. Sie sahen sich als Franken, Bajuvaren, Teutonen, Alemannen oder Goten. Ihre Stammeszugehörigkeit war für sie das Wichtigste – alles andere war uninteressant.

Verbreitet wurde der Begriff der „Germanen“ vielmehr von einem römischen Feldherrn und Herrscher, nämlich dem berühmten Gaius Julius Caesar. Vielleicht hast du diesen Namen sogar schon mal gehört: Gaius Julius Caesar lebte vor rund 2100 Jahren. Als Feldherr befehligte er die römischen Soldaten und führte viele Kriege gegen die Volksstämme in der Nachbarschaft.
Bis dahin hatten die Römer einfach alle Völker, die nicht zum römischen Reich gehörten, „Barbaren“ genannt. Wie diese Völker genau hießen, war ihnen lange Zeit ganz egal. Schließlich hatten diese keine griechisch-römische Bildung genossen. Und in ihren Augen sahen die kriegerischen Kerle mit ihren langen Haaren und wildem Benehmen sowieso alle gleich schrecklich aus. Gaius Julius Caesar musste sich auf seinen Feldzügen allerdings ständig mit den „Barbaren“ herumschlagen. Daher kannte wohl kein Römer die feindlichen Stämme so gut wie er. Und er machte sehr wohl Unterschiede aus. So unterschied er nun zum ersten Mal zwischen Galliern und Germanen. Die Gallier sollen uns an dieser Stelle nicht weiter interessieren. Über die Germanen berichtete Caesar aber unter anderem, dass sie faul und ungesittet waren, aber auch tapfer, kriegstüchtig und gesund an Leib und Seele. Ackerbau betrieben sie nicht so gerne, lieber gingen sie auf die Jagd oder führten Krieg.

Caesars langer Bericht

Gaius Julius Caesar schrieb über seine Feldzüge einen langen Bericht: Er heißt „De bello Gallico“. Übersetzt bedeutet das: „Über den gallischen Krieg“. Darin kamen auch die Germanen vor. Da dieser Bericht von vielen Menschen gelesen wurde, setzte sich auch der Begriff „Germanen“ durch und wurde fortan für die Stämme verwendet.

Ein Weltreich wankt

Mit der Zeit hatte das riesige Römische Reich mit immer größeren Problemen zu kämpfen: So fielen an den Grenzen ständig feindliche Nachbarn ein und auch im Inneren des Reichs gab es Schwierigkeiten. Um etwa 300 nach Christus musste sich der damals herrschende Kaiser eingestehen, dass er das riesige Reich nicht mehr allein regieren konnte. Deshalb wurde es zunächst in zwei Teile geteilt, in denen jeweils ein Kaiser regierte. Doch das führte nur zu weiteren Schwierigkeiten, denn die Herrscher der einzelnen Teile führten erbitterte Machtkämpfe gegeneinander. So kam es schließlich zum endgültigen Bruch: Es entstanden ein Oströmisches Reich und ein Weströmisches Reich. Das Oströmische Reich sollte noch rund 1000 Jahre weiter bestehen. Allerdings spielt das für unsere Sprachgeschichte keine Rolle mehr. Das Weströmische Reich dagegen wurde schon bald erneut ordentlich durchgeschüttelt. Und genau hier müssen wir weitersuchen, wenn wir auf neue Spuren der deutschen Sprache stoßen wollen.

Und wie ging es weiter?

Nun wissen wir zumindest, wer die „Germanen“ waren. Aber wie ging es weiter mit den germanischen Sprachen? Vor 2100 Jahren – also zu Lebzeiten Gaius Julius Caesars – sprach man auf dem Gebiet des heutigen Deutschlands jedenfalls noch kein Deutsch, sondern weiterhin Alemannisch, Gotisch, Bairisch oder eine andere Stammessprache. Und das sollte für lange Zeit so bleiben. Erst einige Jahrhunderte später kam wieder Bewegung in die Sache.

Achtung, die Hunnen kommen!

Um 400 nach Christus geriet die europäische Bevölkerung ziemlich in Aufruhr. Was war genau passiert? Damals fiel das kriegerische Reitervolk der Hunnen in Westeuropa ein. Die Hunnen kamen aus Asien, wo sie als Nomaden durch die Steppe zogen. Genaueres über ihre Herkunft weiß man allerdings bis heute nicht. Die Hunnen-Krieger waren extrem schnelle Reiter und hervorragende Bogenschützen. Ihre Angriffe trafen die germanischen Stämme vollkommen unvorbereitet. Viele mussten aus ihrer Heimat fliehen, um sich in Sicherheit zu bringen. Zunächst erlaubte ihnen der weströmische Kaiser noch, auf seinem Gebiet zu siedeln. Da aber immer mehr Menschen folgten, kam es bald zu offenen Auseinandersetzungen zwischen den Römern und den Germanen.

Der Einfall der Hunnen löste in ganz Europa eine Kettenreaktion aus. Es begann die Zeit der sogenannten Völkerwanderung: Die Germanen machten sich auf die Suche nach neuen Siedlungsgebieten, um sich niederzulassen und eigene Reiche zu gründen. Dabei plünderten sie ganze Regionen. Die Römer vertrieben sie jedoch wieder, wann immer es ihnen möglich war.

Das Ende der Antike

Während der Völkerwanderung schlossen sich viele kleinere germanische Stämme zu größeren zusammen. So wurden vor allem die Franken sehr mächtig. Diese gehörten schon vor der Völkerwanderung zu den wenigen germanischen Großstämmen, weil sie sich mit anderen kleinen Stämmen im Kampf gegen die Römer verbündet hatten. Während einige Germanenstämme also immer stärker wurden, wurde das Weströmische Reich immer schwächer. Und so konnte es mit der Zeit den andauernden Angriffen der erstarkten Germanenstämme nichts mehr entgegensetzen. Das Weströmische Reich zerbrach endgültig, die Hunnen wurden vertrieben und Europa ordnete sich neu. Die römische Antike ging zu Ende. Die neue Zeit des Mittelalters begann.

Was ist das Mittelalter?

Als Mittelalter bezeichnet man die Zeit zwischen dem Ende der Antike und dem Beginn der Neuzeit. Wann genau die eine Zeit endete und die andere begann, lässt sich allerdings nur schwer sagen. Denn das war eher ein fließender Übergang. Als bedeutenden Schritt auf dem Weg ins Mittelalter sehen viele Wissenschaftlerinnen und Wissenschaftler die Gründung des Frankenreichs. Grob kann man sagen, dass das Mittelalter den Zeitraum von 500 nach Christus bis ungefähr 1500 nach Christus – also insgesamt rund 1000 Jahre – umfasst.

Auf ins Mittelalter!

Zu den Gewinnern im neu geordneten Europa zählten die Franken. Um 500 nach Christus vereinigte der Franken-König Chlodwig I. weitere Stämme unter seiner Herrschaft und gründete das Frankenreich. Damit gab es nun zum ersten Mal in der Geschichte ein Herrschaftsgebiet, zu dem viele germanische Stämme gehörten. Allerdings verlief der Aufstieg des Frankenreichs nach dem Tod Chlodwigs nicht ganz reibungslos. Erst um 800 nach Christus – also rund 300 Jahre später – schaffte es Karl der Große, ein stabiles Großreich zu errichten: Es umfasste nicht nur das Gebiet des heutigen Deutschlands und Frankreichs, sondern reichte bis nach Italien.

So, nun weißt du so ungefähr, wie es damals in Europa ausgesehen hat. Aber was hat das alles mit unserer Sprache zu tun? Ganz einfach. Genau aus dieser Zeit – also aus dem Beginn des Mittelalters – stammen erste Hinweise darauf, dass sich ein Teil der germanischen Sprachen veränderte. Endlich ging es also los mit der deutschen Sprache! Allerdings erst mal nur in sehr kleinen Schritten beziehungsweise: Lauten. Was damit schon wieder gemeint ist? Bitte einfach weiterlesen!

Ganz neue Töne

Auch wenn es jetzt endlich ein germanisches Frankenreich gab: Die meisten Stämme im Reich sprachen noch immer ihre eigenen Sprachen und Dialekte. Allerdings begannen sich diese ab dem 5. Jahrhundert allmählich zu verändern: So wurde plötzlich an einigen Stellen ein *p* wie ein *pf* (wie in *Topf*) gesprochen. Das *t* sprach man wie ein *tz* (wie in *Katze*) aus und das *k* wurde zu einem *ch* (wie in *machen*). Die Leute sagten beispielsweise nicht mehr *appul*, sondern *aphul* (also: „Apfel"). Statt *makon* hieß es *mahhon* (also: „machen". Das *hh* wird wie *ch* gesprochen) und eine *catt* wurde auf einmal zur *kazza* (also: „Katze". Das *zz* wird wie *tz* gesprochen). In der Wissenschaft nennt man eine solche

Woher kommt der Begriff „Deutsch“?

Als Erfinder des Wortes gilt Karl der Große. Denn er fasste die Sprachen der Franken und der anderen Germanenstämme unter dem Namen *lingua theudisca* zusammen. Das Wort *lingua* kommt aus dem Lateinischen und bedeutet „Sprache“. *theudisca* ist eine Erfindung von Karl, denn das Wort gab es bis dahin in dieser Form nicht. Es leitet sich aber vom germanischen Wort *theuda* ab. Das bedeutet „Volk“. Die *lingua theudisca* ist also die Sprache des Volkes. Um 1000 nach Christus tauchte dann zum ersten Mal die Wendung *in diutscun*, also „in deutsch“ auf.

Veränderung auch Lautverschiebung. Und durch diese Lautverschiebung wurden sich die germanischen Sprachen im Frankenreich wieder etwas ähnlicher. Denn bestimmte Laute sprach man nun überall einheitlich aus. Allerdings tauchten diese sprachlichen Veränderungen nicht im ganzen Frankenreich auf. Vielmehr wurde das Reich in zwei Teile geteilt – zumindest was die Sprache angeht: Die eine Hälfte machte die Lautverschiebung mit, die andere nicht.

Langsam wird's Althochdeutsch!

Für die Menschen der damaligen Zeit machte diese Veränderung keinen so großen Unterschied. Für die moderne Sprachwissenschaft ist die Lautverschiebung allerdings von großer Bedeutung. Denn die Forschenden sehen darin den Übergang von den germanischen Sprachen zu den sogenannten althochdeutschen Dialekten. Die germanischen Sprachen, die die Veränderungen nicht mitmachten, fassen wir heute unter dem Begriff „Niederdeutsch“ zusammen. Die germanischen Sprachen, in denen sich die Laute veränderten, nennen wir dagegen „Hochdeutsch“. Und aus diesem Hochdeutsch entwickelte sich nun mit der Zeit unsere moderne Sprache. Weil es im Mittelalter aber noch eine sehr frühe Form des Hochdeutschen ist, sprechen wir ab jetzt von „Althochdeutsch“. Aber Achtung! Der Begriff „Althochdeutsch“ führt

Hochdeutsch oder Niederdeutsch?

Aus dem Niederdeutschen hat sich unter anderem das Niederländische entwickelt. An den folgenden Beispielen kannst du wunderbar sehen, dass es hier keine Lautverschiebung gab: So heißt *Apfel* auf Niederländisch *appel*. *Machen* ist übersetzt *maken* und *sitzen* heißt auf Niederländisch *zitten*.

schnell auf eine falsche Fährte! Denn damit ist nicht eine einzelne Sprache gemeint. Vielmehr fassen wir mit diesem Begriff einfach alle germanischen Sprachen zusammen, die die Lautverschiebung mitgemacht haben.

Die ersten Schritte sind gemacht!

Fassen wir mal kurz zusammen: Wir haben ein größeres Herrschaftsgebiet, in dem viele germanische Stämme zusammenleben. Und wir sind auf die ersten althochdeutschen Dialekte gestoßen. Von einer einheitlichen deutschen Sprache sind wir allerdings immer noch weit entfernt. Denn einige entscheidende Puzzleteile bei unserer Spurensuche fehlen noch. Deshalb müssen wir noch mal zurück zu Chlodwig und Karl dem Großen.

Europa wird christlich

Bei der Entwicklung der deutschen Sprache spielt auch das Christentum eine wichtige Rolle: Denn als Chlodwig vor rund 1500 Jahren das Frankenreich gründete, nahm er außerdem den christlichen Glauben an. Diese Religion war erst 100 Jahre zuvor zur römischen Staatsreligion ernannt worden. Deshalb hatte auch ein Teil der fränkischen Stämme diesen Glauben bereits angenommen. Nun erhoffte sich Chlodwig von diesem Schritt, dass ihn sowohl die christliche Bevölkerung als auch ihre Bischöfe beim Kampf gegen das wackelnde

Römische Reich und die verfeindeten Gallier unterstützten. Chlodwigs Plan ging auf. Und seine Entscheidung sollte sich als zukunftsweisend für das ganze Mittelalter erweisen. Die christliche Kirche spielte von nun an eine große Rolle – auch bei der weiteren Entwicklung der Sprache.

Nachhilfe in Latein

Wie schon Chlodwig bekannte sich später auch Karl der Große zum Christentum. Und er setzte alles daran, dass sich der christliche Glaube immer weiter in seinem Reich verbreitete. Denn der gemeinsame Glaube sollte die unterschiedlichen Stämme im Reich miteinander verbinden. Die Sprache der Kirche war aber das Lateinische: Gebetet, gesegnet und gepredigt wurde also in einer Fremdsprache! Allerdings war Karl aufgefallen, dass viele Geistliche gar kein ordentliches Latein mehr sprachen. Sie konnten also die Gebete, Lieder und Texte gar nicht richtig vortragen. Aber wie sollten sie dann den christlichen Glauben richtig vermitteln? Um das zu ändern, ließ Karl überall in seinem Reich Klosterschulen gründen, in denen die lateinische Schrift und Sprache gelehrt wurde.

Und noch mehr Latein!

Erinnerst Du dich noch an das vorige Kapitel? Da haben wir gelernt, dass sich zwei Sprachen beeinflussen, wenn ihre Sprecherinnen und Sprecher sich häufiger treffen. So war das auch bei den Germanen und Römern. Denn die Germanen hatten schon früh Kontakt zu den Römern. Daher hat das Lateinische auch die germanischen Sprachen stark beeinflusst. So wurden häufig die Namen von typischen römischen Erfindungen übernommen. Beispielsweise kommt unser Wort *Fenster* vom lateinischen *fenestra* und *Familie* von *familia*. *Krone* stammt wiederum von *corona* ab und *Drache* heißt auf Lateinisch *draco*.

Schulen im Mittelalter – aber nur für Jungen

Karl der Große wollte, dass nicht nur junge Mönche und reiche Adlige die Schulen besuchen konnten. Auch die Bauern und Handwerker durften ihren Nachwuchs in die Schulen schicken. Allerdings nur die Jungen! Mädchen und Frauen waren ausgeschlossen. Und auch wenn Karl die Bildung der Bevölkerung am Herzen lag: Nur wenige Jungen aus armen Familien schafften es an die Klosterschulen. Die meisten mussten ihren Eltern auf dem Hof und den Feldern helfen. Für Bildung blieb da keine Zeit. Immerhin wurden besonders kluge Kinder mitunter von Karl unterstützt: Sie erhielten Kleidung, eine Unterkunft und Essen, damit sie auf die Schule gehen und lernen konnten.

Uralte Spickzettel

Die Klöster dienten aber nicht nur der christlichen Gotteskunde. In den klösterlichen Bibliotheken und Schreibstuben wurde außerdem das gesamte Wissen der damaligen Zeit gesammelt – denn Wissenschaft war Karl dem Großen enorm wichtig.

Die Mönche in den Klöstern studierten deshalb nicht nur religiöse, sondern auch wissenschaftliche Schriften. Und da die meisten Texte aus der Antike stammten, waren viele auf Griechisch oder Latein verfasst. Das erwies sich allerdings als Problem: Denn auch wenn die Mönche recht gut Latein sprachen, so war es doch eine Fremdsprache für sie. Das Entziffern der alten Texte konnte also ganz schön mühsam sein. Um sich die Arbeit etwas leichter zu machen, ritzten sie vorsichtig kurze Kommentare oder Erklärungen unter die Texte. Und zwar nicht auf Latein, sondern in ihrer eigenen althochdeutschen Sprache. Das kannst du dir in etwa wie kleine Spickzettel in der Schule vorstellen. Weil viele dieser Übersetzungshilfen bis heute erhalten geblieben sind, gelten sie als die frühesten schriftlichen Zeugnisse des Althochdeutschen.

Was schrieben die Mönche auf?

Die Schriften der Mönche enthielten in der Regel nur religiöse, philosophische oder wissenschaftliche Gedanken. Und die kleinen Kommentare, die sie auf den antiken Schriften hinterließen, drehten sich ebenfalls nur darum. Alltagstexte wie Tageszeitungen, Einkaufszettel oder Benachrichtigungen gab es noch nicht. Schließlich konnte ein Großteil der Bevölkerung sowieso nicht lesen und schreiben. Außerdem waren die Schreibmaterialien viel zu kostbar für alltägliche Notizen. Denn zur damaligen Zeit gab es noch kein Papier. Stattdessen schrieb man auf Pergament – und das war ziemlich mühsam herzustellen. Aufgeschrieben wurden also nur solche Dinge, die in den Augen der Mönche wirklich wichtig waren.

In den Schreibstuben der Klöster schrieben die Mönche außerdem wichtige Texte ab, um sie zu vervielfältigen. Kopierer gab es damals schließlich auch noch nicht. Das war eine ziemlich anstrengende Arbeit und tatsächlich schlichen sich auf diese Weise auch immer wieder Fehler in die Texte ein.

Woraus wurde Pergament gemacht?

Pergament besteht aus getrockneten Tierhäuten. Für die Herstellung wurden sie für einige Tage in Kalkwasser gelegt. Anschließend wurden die Häute aufgespannt, getrocknet und noch einmal bearbeitet. Für eine Bibel brauchte man die Häute von 200 bis 300 Schafen!

Ein Reich zerfällt

Nach Karls Tod zerfiel das fränkische Reich in zwei Teile: in einen Westteil, der später zu Frankreich werden sollte, und in einen Ostteil, zu dem auch das Gebiet des heutigen Deutschlands gehörte. Der Ostteil nannte sich später: Heiliges Römisches Reich. Ein einheitlicher Staat, so wie wir ihn heute kennen, war dieses Reich allerdings nicht. An seiner Spitze stand zwar ein Kaiser. Aber sein Reich war in einzelne Gebiete unterteilt, die von adligen Fürsten regiert wurden. Auch die Grenzen änderten sich ständig. Und von einer gemeinsamen Sprache war man immer noch meilenweit entfernt. Die Menschen sprachen weiterhin ihre althochdeutschen Dialekte, wie es ihre Eltern und Großeltern bereits getan hatten.

Als die Fürsten lesen lernten

Im Mittelalter war die Bevölkerung in verschiedene Gruppen oder Schichten eingeteilt: Der weitaus größte Teil der Bevölkerung waren unfreie Bauern, die ihren adligen Grundherren gehorchen mussten. Sie hatten keine Rechte und lebten in bitterer Armut. Zur Gruppe der Kleriker oder Geistlichen gehörten alle, die im Dienst der Kirche standen. Einige, wie zum Beispiel die Bischöfe, waren sehr mächtig. Aber es gab auch viele einfache Priester, Mönche und Nonnen, die in den Klöstern lebten. Und dann war da noch eine dritte Gruppe: die sogenannten Adligen. Dazu gehörten die Kaiser, Könige und Fürsten des Landes. Diese hatten meist viel Macht, Geld und Einfluss. Sie bauten mächtige Burgen, von denen aus sie ihre Ländereien regierten. Neben den Kirchenmännern lernten im Laufe des Mittelalters auch immer mehr Adlige lesen und schreiben. Denn diese Fähigkeiten halfen ihnen, ihre Macht zu vergrößern. Allerdings sprachen die Adligen im Gegensatz zu den Kirchenmännern nur selten Latein. Daher entstanden mit der Zeit immer mehr Schriften und Texte in Deutsch.

Die Liebeslieder der Ritter

Die adligen Damen und Herren interessierten sich häufig nicht so sehr für wissenschaftliche und religiöse Texte. Stattdessen wollten sie spannende Geschichten hören – zum Beispiel von tapferen Rittern, die gegen Drachen kämpften oder heldenhaft Schlachten gewannen. Zudem kamen ab dem 12. Jahrhundert Gedichte und Lieder über die Liebe in Mode. Diese wurden meist von

Minnesängern gedichtet. Mit dem Wort *Minne* ist im Mittelalter die höfische Liebe gemeint. Der Beruf der Minnesänger war hoch angesehen. Sie reisten durch die Lande und trugen auf den Burgen und Fürstenhöfen ihre Liebeslieder vor. Häufig spielten sie dabei ein Musikinstrument wie die Fiedel oder Laute.

Was war höfische Liebe?

Im Mittelalter heirateten die Menschen in der Regel nicht aus Liebe. Eine Ehe wurde meist von den Eltern geplant und aus praktischen oder finanziellen Gründen geschlossen. Die Ehefrau musste ihrem Mann gehorchen und wurde nicht immer gut behandelt. Mit der höfischen Liebe war dagegen die ideale Liebe von einem Ritter zu einer edlen Dame gemeint. Diese kannst du am besten mit einer romantischen Schwärmerei vergleichen: Der Ritter machte der Dame Geschenke und Komplimente. Die Dame schenkte ihm ein Lächeln und fieberte bei einem Turnier mit ihrem Verehrer. Aber auch in der Ehe gab es das hohe Ideal der Minne: Diese besagte, dass der Mann stets respektvoll und freundlich zu seiner Ehefrau sein sollte.

Reisende Sänger

Die reisenden Sänger sorgten dafür, dass sich ihre Lieder und Gedichte über die Grenzen des Reichs verbreiteten. Auf diese Weise bildete sich ab 1050 nach Christus eine gemeinsame Dichtersprache heraus. Und diese wurde auf den Ritterburgen und Königshöfen sowie in den Städten in den verschiedensten Regionen des Reiches verstanden: Wir nennen diese Dichtersprache heute „Mittelhochdeutsch". Zwar sprach man im Alltag immer noch seinen eigenen Dialekt – aber zumindest in der Literatur hatte man endlich so etwas wie eine gemeinsame Sprache gefunden. Es ging also voran mit der Verständigung! Trotzdem gab es natürlich immer noch einen großen Unterschied zwischen den geschriebenen „Schriftsprachen" und den von der Bevölkerung gesprochenen „Volkssprachen" oder Dialekten.

➔ Weißt du's?

Hier stehen mal ein paar Zeilen eines berühmten mittelalterlichen Liebeslieds. Kannst Du erraten, was sie bedeuten?

Dû bist mīn, ich bin dīn.
des solt dû gewis sīn.
dû bist beslozzen
in mīnem herzen,
verlorn ist das sluzzelīn:
dû muost ouch immêr darinne sīn.

Hier die Übersetzung:
Du bist mein, ich bin dein,
dessen sollst du gewiss sein.
Du bist eingeschlossen in meinem Herzen,
verloren ist das Schlüsselchen:
Du musst auch immer darin bleiben.

Es tut sich was in den Städten!

Auch an anderen Stellen nahm die Entwicklung der deutschen Sprache langsam an Fahrt auf, und zwar in den Städten, von denen ab dem 12. Jahrhundert immer mehr gegründet wurden. Die Bürger der Städte hatten viel mehr Freiheiten als die Bauern auf dem Lande. Die meisten von ihnen arbeiteten als freie Handwerker. Ihre Produkte verkauften die Weber, Schuster, Wagenradmacher, Goldschmiede und andere Handwerker auf dem Markt. Auch die Bauern aus den umliegenden Ländern boten hier ihre Waren an. So bekam man auf den Märkten alles, was man zum Leben brauchte. In den größeren Städten wurden außerdem Güter aus der ganzen damals bekannten Welt angeboten – zum Beispiel Salz, Pfeffer und exotische Gewürze. Diese brachten die Kaufleute von ihren Handelsreisen mit. Mit der Zeit entwickelten sich die Märkte einiger Städte zu Zentren der mittelalterlichen Wirtschaft. Weil sich auf den Märkten Menschen aus vielen Regionen trafen, mischten sich hier auch die unterschiedlichsten Sprachen und Dialekte: die Volkssprachen der Bauern, die Stadtsprache der Bevölkerung oder das Französisch der ausländischen Händler – das alles zusammen bildete ein buntes Sprachgemisch. Und das hatte Auswirkungen auf den Dialekt, der in einer Stadt gesprochen wurde: Dieser mischte sich mit anderen Dialekten und Wörter aus fremden Sprachen wurden übernommen. Die althochdeutschen Dialekte entwickelten sich weiter zu mittelhochdeutschen Dialekten.

Urkunden auf Mittelhochdeutsch

Am Ende des Mittelalters tauchten in den Städten nun immer häufiger Urkunden auf, die in einem mittelhochdeutschen Dialekt geschrieben waren. Du kennst den Begriff *Urkunde* bestimmt aus dem Sport: Darauf ist zum Beispiel vermerkt, welchen Platz du im Weitsprung erzielt hast oder ob ihr im Handball die Kreismeisterschaft gewonnen habt. Es ist also ein Blatt Papier, das dir eine besondere Leistung bescheinigt. Im Mittelalter hatten Urkunden aber noch eine viel weitreichendere Bedeutung: Denn damit hielten die Menschen alle rechtlichen Dinge fest. So stellten der Papst, der Kaiser oder die Stadtverwaltung zum Beispiel Urkunden aus, auf denen Gesetze und Regelungen festgeschrieben wurden. Auch Eheschließungen, Taufen, Erbschaften und Verkäufe wurden damit besiegelt. Die Menschen konnten dann mit der Urkunde beweisen, dass ihnen ein Stück Land gehörte oder dass sie Vieh gekauft hatten. Lange Zeit nutzte man dafür ganz selbstverständlich die lateinische Sprache. Doch das änderte sich nun langsam. Diese deutsche Urkundensprache klang allerdings ganz schön gekünstelt. Aber die Urkunden zeigen uns heute, dass das Mittelhochdeutsche immer wichtiger wurde und dem Lateinischen langsam Konkurrenz machte. Denn immerhin wurden jetzt bereits wichtige Rechtsfragen in dieser Sprache aufgeschrieben.

Alt, mittel oder neu?

Mit dem Begriff „Althochdeutsch“ fassen wir die hochdeutschen Dialekte zusammen, die ungefähr in der Zeit zwischen 750 und 1050 nach Christus gesprochen wurden. Mit „Mittelhochdeutsch“ meinen wir die hochdeutschen Dialekte aus der Zeit von 1050 bis 1350 nach Christus. „Alt“ und „Mittel“ geben uns also eine grobe zeitliche Einordnung. Später kommt dann auch noch der Begriff „Neuhochdeutsch“ dazu. Mit „Neu“ bezeichnen wir dann die Dialekte, die ab 1350 gesprochen werden. Die Übergänge zwischen „Alt“, Mittel“ und „Neu“ sind allerdings fließend. Es wurde also nicht plötzlich anders gesprochen.

Alt, mittel oder neu?

Aus Althochdeutsch wurde Mittelhochdeutsch*, woraus wiederum Neuhochdeutsch wurde. So weit, so klar! Aber wie sah diese Entwicklung genau aus? Zum einen haben sich viele Laute verändert, so wurde aus einem langen *ī* ein *ei* oder aus einem *s* ein *sch*. Zum anderen haben einige Wörter im Laufe der Zeit eine andere Bedeutung erhalten.

Aber am besten schauen wir uns mal ein paar Beispiele an – dann ist das gleich viel leichter zu verstehen.

A steht für Althochdeutsch.

M steht für Mittelhochdeutsch.

N steht für Neuhochdeutsch.

* Du weißt ja, dass es im Althochdeutschen und Mittelhochdeutschen verschiedene Dialekte gibt. Aber damit es hier etwas einfacher ist, schreiben wir nicht, welcher Dialekt das ist, sondern sagen ganz einfach: Althochdeutsch oder Mittelhochdeutsch.

Auf geht's in die Neuzeit!

Das Mittelalter war geprägt von der Kirche und dem Kaiser. Doch das änderte sich zum Ende des 15. Jahrhunderts: Die Fürsten wurden immer mächtiger und drängten auf mehr politischen Einfluss. Auch die Bürger der Städte, die durch den Handel reich geworden waren, wollten mitbestimmen. Kaufleute brachen zu Reisen um die Welt auf und kehrten mit neuem Wissen und exotischen Waren nach Hause zurück. An den Universitäten erforschte man nicht mehr nur alte Schriften, sondern auch die Naturgesetze. Viele Forschungsergebnisse stellten allerdings die kirchlichen Lehren infrage. Die Vormachtstellung der Kirche und des Kaisers war bedroht – ein neues Zeitalter brach an!

Die Erfindung des Papiers

Am Ende des Mittelalters geriet also wieder mal so einiges in Bewegung. Und zwei geniale Erfindungen brachten zusätzlichen Schwung in die Entwicklung der Sprache: Zum einen begann man jetzt auch in Europa mit der Papierherstellung. Du erinnerst dich bestimmt noch: Das ganze Mittelalter über schrieben die Menschen auf teurem Pergament. Zwar hatten die Chinesen bereits um 100 nach Christus das Papier erfunden, doch dessen Herstellung war lange Zeit ein gut gehütetes Geheimnis. Zum Ende des 14. Jahrhunderts gab es nun auch auf dem Gebiet des heutigen Deutschlands immer mehr Papiermacher. Und das machte wiederum die Bahn frei für die nächste grandiose Erfindung!

Wie wurde früher Papier gemacht?

Heute wird Papier aus Holz gewonnen. Im Mittelalter nahm man Stofflumpen. In einer Papiermühle wurden diese zerkleinert, gemahlen und mit Wasser vermischt, bis ein dünner Brei entstand. Dann wurden Kalk oder Asche und Leim untergerührt. Den Brei strichen die Papiermacher auf ein Sieb. Zum Schluss wurde die dünne Schicht gepresst und getrocknet, bis ein Blatt fertig war.

Jetzt wird gedruckt!

Um 1440 hatte Johannes Gutenberg eine geniale Idee: Er goss einzelne Buchstaben seitenverkehrt aus Metall und stellte so Stempel her. Diese setzte er in einem Kasten zu Wörtern und Texten zusammen. Dann spannte er den Kasten in eine Druckerpresse, bestrich die Buchstaben mit Tinte und presste ihn auf einen Bogen Papier. Die erste Druckpresse mit beweglichen Buchstaben war erfunden! Damit konnte Gutenberg in einer Stunde bis zu 80 Bögen Papier bedrucken. Zwar hatte man schon vor Gutenberg Texte gedruckt – allerdings mit einem extrem mühseligen Verfahren: Der Text wurde dabei spiegelverkehrt in eine Holztafel geritzt, die dann auf einen Bogen Papier gepresst wurde. Das Geniale an Gutenbergs Erfindung: Die einzelnen, beweglichen Buchstaben ließen sich zu immer neuen Wörtern zusammensetzen. Das sparte enorm viel Zeit und Arbeit!

Die Erfindung des Buchdrucks war eine echte Sensation und verbreitete sich schnell in ganz Europa. Mit der neuen Technik konnten nun wissenschaftliche Erkenntnisse, aber auch aufgeschriebene Geschichten und Gedichte viel schneller vervielfältigt werden. Gleichzeitig erreichten die Texte viel mehr Menschen als jemals zuvor! Gedruckte Bücher waren allerdings immer noch sehr teuer und nur reiche Menschen konnten sich Bücher leisten. Trotzdem fanden die Druckwerke reißenden Absatz.

In welcher Sprache wurden die Bücher geschrieben?

Fassen wir noch mal zusammen: Jetzt gab es endlich eine Technik, mit der sich Texte schnell vervielfältigen ließen. Und es gab ausreichende Mengen an Papier, um die Texte zu drucken. Es ließ sich also eine Menge Bücher herstellen, die von vielen Menschen im ganzen Reich gelesen wurden. Allerdings gab es einen Haken: Denn in welcher deutschen Sprache soll man ein Buch schreiben, damit alle den Inhalt verstehen? Diese Frage stellte sich auch der Mönch Martin Luther. Der hatte sich nämlich eine ganz besondere Aufgabe gestellt: die Übersetzung der Bibel in eine deutsche Sprache.

Martin Luther wollte, dass so viele Menschen wie möglich die Bibeltexte verstehen konnten. Deshalb entschied er sich schließlich für einen mitteldeutschen Dialekt, der in Sachsen gesprochen wurde. Und das sollte sich als gute Wahl herausstellen, denn in diesem Gebiet hatten sich einst Menschen niedergelassen, die ursprünglich aus vielen anderen deutschen Regionen stammten, also auch andere Sprachen mitbrachten. Dadurch war ein Dialekt entstanden, der mit vielen Dialekten im Norden, Süden, Westen und Osten des Reichs Ähnlichkeiten hatte. Er konnte also sehr leicht in allen Regionen verstanden werden.

Sprechen wie Luther

Viele Redewendungen, die wir bis heute verwenden, stammen aus der Luther-Bibel. Hier ein paar Beispiele: *die Zähne zusammenbeißen, in den sauren Apfel beißen* oder *Perlen vor die Säue werfen* sind von Luther verwendete Redewendungen. Außerdem prägte er viele Sprichwörter. So kannst du die Sprüche *Wer anderen eine Grube gräbt, fällt selbst hinein* oder *Durch Schaden wird man klug* auch in seiner Bibel-Übersetzung finden.

Schreiben, wie das Volk spricht

Bei seiner Übersetzung blieb Luther ganz nah an der gesprochenen Sprache der Bevölkerung. Denn ihm war wichtig, dass sich die Texte gut vortragen ließen und verständlich waren. Schließlich konnte immer noch ein Großteil der Menschen nicht lesen. Zudem war es üblich, dass die biblischen Texte in den Messen vorgelesen wurden. Schon nach elf Wochen hatte er die Übersetzung des Neuen Testaments beendet. Und diese wurde ein voller Erfolg! 1521 wurden die ersten 3000 Exemplare gedruckt. Drei Monate später waren sie bereits komplett ausverkauft und die nächste Auflage ging in Druck. 1534 erschien dann seine vollständig übersetzte Bibel, bestehend aus dem Alten und dem Neuen Testament. Und auch diese fand reißenden Absatz. Diese „Luther-Bibel“ verbreitete sich schnell im ganzen deutschen

Sprachraum – und mit ihr die von Luther verwendete Sprache. Zunächst wurden die Ausgaben in einigen Städten noch mit einer Art Wörterbuch geliefert. Darin wurden Wörter, die man in der Region nicht verstand, näher erklärt. Doch je erfolgreicher die Luther-Bibel wurde, desto mehr gewöhnten sich die Menschen an Luthers Sprache. Und so schaffte Luther etwas, was bislang noch keinem vor ihm gelungen war: nämlich eine deutsche Sprache zu finden, die in allen Regionen des Reichs verstanden wurde. Der Grundstein für unser heutiges Deutsch war endlich gelegt!

Ein Hochdeutsch für alle

Die Entwicklung, die Luther damit in Bewegung setzte, war nicht mehr aufzuhalten. Nach seinem großen Bibel-Erfolg begannen immer mehr Menschen, ihre Texte auf „Luther-Deutsch“ zu veröffentlichen. Natürlich dauerte es dann noch eine ganze Weile, bis sich daraus das Neuhochdeutsch, zu dem auch unser heutiges Deutsch gehört, entwickelte. Aber zumindest gab es jetzt mal eine einheitliche Sprache, auf die man aufbauen konnte – und zwar noch bevor es einen einheitlichen deutschen Staat gab! Denn im 17. Jahrhundert wurde das deutsche Gebiet durch den 30-jährigen Krieg kräftig zerrüttet. Danach bestand es bis ins 19. Jahrhundert hinein aus einem lockeren Verbund unzähliger Einzelstaaten. Erst im Jahr 1871 gründete Kaiser Wilhelm II. ein einheitliches deutsches Kaiserreich. Und darin wurde natürlich Deutsch gesprochen. Trotzdem blieben die meisten Menschen ihren Dialekten noch lange Zeit treu. Das Hochdeutsch blieb für sie eine künstliche Sprache, die man in der Schule lernte oder in Büchern las. Zu Hause, mit den Freundinnen und Freunden oder mit der Nachbarschaft plauderte man nach wie vor in seinem fränkischen, schwäbischen oder sächsischen Dialekt.

Auf den Spuren der Sprache

Im 18. und 19. Jahrhundert machten sich dann zwei Brüder auf, um die deutsche Sprache endlich wissenschaftlich zu erforschen. Du kennst sie bestimmt! Es sind Jacob und Wilhelm Grimm. Sie

Wie sprachen Goethe und Schiller?

Vielleicht hast du ja schon einmal etwas von Johann Wolfgang von Goethe und Friedrich Schiller gehört. Das sind zwei berühmte Dichter und Schriftsteller, die im 18./19. Jahrhundert lebten. Ihre Werke sind auf der ganzen Welt bekannt und gelten als wichtige deutsche Literatur. Geschrieben haben die beiden in Hochdeutsch. Gesprochen haben sie aber beide einen breiten Dialekt. Goethe war in Frankfurt aufgewachsen – deshalb sprach er Zeit seines Lebens Hessisch, Schiller dagegen wuchs in schwäbischen Ludwigsburg auf – und auch das hörte man ihm nur allzu gut an!

wurden berühmt, weil sie deutsche Märchen und Sagen gesammelt, aufgeschrieben und veröffentlicht haben – und zwar als erste! Bis dahin wurden die Geschichten einfach mündlich erzählt und von Generation zu Generation weitergegeben. Die beiden waren aber auch erstklassige Sprachwissenschaftler und gelten als Erfinder der germanischen Sprachforschung. Diese nennt man heute „Germanistik". So schrieb Jacob zum Beispiel an einer Grammatik der germanischen Sprachen. Außerdem nahmen sie zusammen ein weiteres Werk in Angriff: nämlich ein „Deutsches Wörterbuch". Darin wollten sie alle deutschen Wörter sammeln, die seit Luther verwendet wurden. Die Suche nach den Ursprüngen des Deutschen war für sie auch eine Suche nach dem Selbstverständnis der Deutschen. Denn zu ihren Lebzeiten gab es ja noch keinen einheitlichen deutschen Staat. Was die Menschen in den verschiedenen Fürstenstaaten jedoch einte, war ihre gemeinsame Sprache.

Bei der Arbeit an ihrem Wörterbuch sammelten sie allerdings nicht nur Wörter. Sie schrieben auch auf, was sie bedeuteten, woher sie kamen und wie sie sich entwickelt haben. Sortiert wurden diese nach Buchstaben von A bis Z. Ein gigantisches Unterfangen! Zu Lebzeiten schafften die Brüder gemeinsam mit ihren Mitarbeitern allerdings nur die Buchstaben A, B, C und E. Fertiggestellt wurde das Wörterbuch dann erst 1961, also über 100 Jahre nach ihrem Tod. Es besteht aus 32 Bänden und insgesamt rund 350 000 Stichwörtern!

Wer erfand die Rechtschreibung?

Bis ins 19. Jahrhundert schrieb man in Deutschland überall unterschiedlich. So hatte zum Beispiel jedes Gymnasium seine eigenen Rechtschreibregeln, an die sich die Schüler zu halten hatten. Damit war der Schuldirekter Konrad Duden allerdings überhaupt nicht einverstanden. Deshalb begann er, Regeln für die Rechtschreibung zu entwerfen, die in allen Schulen im Deutschen Reich gelten sollten. Schnell erarbeitete er sich den Ruf, ein Experte für Orthografie, also für Rechtschreibung, zu sein. Im Jahr 1880 veröffentlichte er dann sein erstes deutsches Wörterbuch. Dieses trug den Titel „Vollständiges Orthographisches Wörterbuch der deutschen Sprache". Darin hatte er rund 27 000 Stichwörter aufgelistet. Eigentlich hatte er sein Nachschlagewerk nur für die Arbeit in den Schulen gedacht, doch schnell wurde es auch außerhalb der Schulen immer beliebter. So legte Konrad Duden mit seiner Arbeit den Grundstein für eine einheitliche Rechtschreibung. Im Jahr 1901 gab es schließlich eine große Konferenz, auf der sich die Vertreter aller deutschen Bundesstaaten sowie die Vertreter von Österreich und der Schweiz trafen, um über eine offizielle Rechtschreibung zu beraten. Auch Konrad Duden war dazu eingeladen. Die Teilnehmer einigten sich schließlich auf eine einheitliche Rechtschreibung. Diese galt von nun an für das Deutsche Reich, Österreich und die Schweiz. Jetzt war es also offiziell! Die Ergebnisse dieser Versammlung sollten so schnell wie möglich in Dudens Wörterbuch eingearbeitet werden. Deshalb stellte der Verlag, in dem das Buch erschien, einige Mitarbeiter ein, die Konrad Duden dabei halfen. Bis heute kümmert sich die Dudenredaktion um das Wörterbuch. Mittlerweile ist die 28. Auflage erschienen. Und diese ist im Vergleich zur 1. Auflage ganz schön gewachsen: Insgesamt umfasst sie über 148 000 Stichwörter!

So, nun sind wir also endlich in der Gegenwart angekommen! Dass die deutsche Sprache einmal so erfolgreich sein würde, hätten sich die Germanen vor 2000 Jahren bestimmt nicht im Traum gedacht! Aber wie sieht das Deutsche eigentlich heute aus? Und gibt es darüber überhaupt irgendetwas Spannendes zu berichten? Abwarten und umblättern – dann wirst du es erfahren!

Alte raus, neue rein!

Bei jeder neuen Duden-Auflage kommen neue Wörter hinzu – und andere werden rausgestrichen. Denn weil die Sprache sich ständig verändert, verändert sich auch der Wortschatz. Und so werden Wörter, die veraltet sind und beim Schreiben und Sprechen nicht mehr gebraucht werden, irgendwann aus dem Duden-Wörterbuch gestrichen. Rate doch mal, was könnten die Wörter auf den gelben Karten bedeuten?

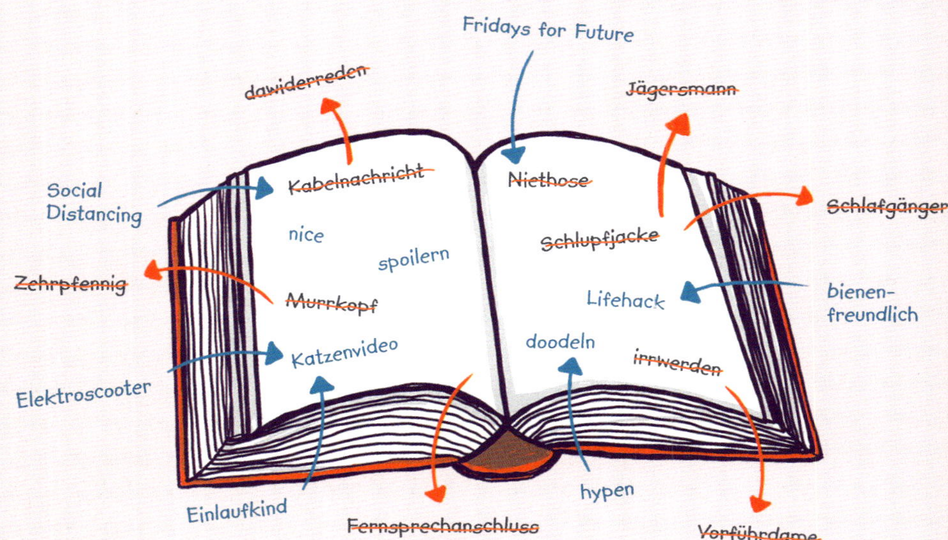

1 Nachgenuss

2 Überschwupper

3 Weckapparat®

4 Nasenquetscher

5 Schnappsack

6 shampuen

7 obsten

8 nafzen

9 Jahrweiser

Lösung:

1. So nannte man mal das Gefühl, das entsteht, nachdem man etwas genossen hat.
2. Das ist ein Pullover!
3. Nein! Kein Wecker! Das war ein Gerät, mit dem man Obst und Gemüse einkochen konnte! Einkochen nennt man auch „wecken“.
4. Das war ein anderes Wort für Brille.
5. So nannte man einen Rucksack oder Ranzen.
6. Das bedeutet „mit Shampoo schäumen“.
7. Wir sagen heute „Obst ernten“.
8. Das ist schwierig! Es bedeutet „einschlummern“.
9. So nannte man mal einen Kalender.

Wie sieht die deutsche Sprache heute aus?

Nun sind wir bei unserer abenteuerlichen Spurensuche endlich in der Gegenwart angekommen. Hättest du gedacht, dass wir dafür so lange brauchen? Aber von der Steinzeit bis heute ist es eben auch ein weiter Weg. Und es geht auch gleich schon wieder weiter: Denn Deutsch ist immer noch nicht gleich Deutsch! Schließlich sprechen die Menschen in Österreich ganz anders als in Deutschland oder in der Schweiz. Eine Hip-Hopperin benutzt andere Wörter als dein Deutschlehrer. Und du redest mit großer Sicherheit auch anders als dein Opa oder deine Oma! Denn eine Sprache ist immer genauso vielfältig wie die Menschen, die sie sprechen. Und sie verändert sich unentwegt weiter. So wusste vor 25 Jahren noch niemand, was eine *Chatgruppe* oder ein *Smartphone* ist. Und damals sprach auch kein Mensch von den *sozialen Medien*, von *Fridays for Future* oder von einem *Lockdown*!

Auch die Grammatik, also die Regeln, nach denen wir Wörter, Sätze und Texte zusammensetzen, ist nicht in Stein gemeißelt – genauso wenig wie die Rechtschreibung. Höchste Zeit also, dass wir das heutige Deutsch mal genauer unter die Lupe nehmen. Aber keine Sorge: Wir pauken jetzt ganz bestimmt keine Zeit- oder Wortformen! Vielmehr gucken wir uns an, welche Menschen überhaupt Deutsch sprechen – und wie sie es tun. Dazu unternehmen wir einen Ausflug nach Österreich, besuchen kurz Frankreich und gucken dann rüber in die USA. Außerdem machen wir einen Abstecher in die Hip-Hop-Szene. Zum Schluss schauen wir noch mal, was der Genitiv gerade so treibt und was es mit dem Gendern auf sich hat. Neugierig geworden? Na, dann mal los!

Wie viele Menschen sprechen Deutsch?

Deutsch gehört eindeutig zu den großen Sprachen, die viele Sprecherinnen und Sprecher haben. Weltweit sind es rund 130 Millionen Menschen, die Deutsch entweder als Muttersprache oder als Zweitsprache sprechen. Ein Großteil davon lebt in Deutschland, Österreich und der Schweiz. Aber auch in

Luxemburg, Liechtenstein, Belgien und Italien spricht ein Teil der Bevölkerung Deutsch. In diesen sieben Ländern gilt Deutsch als Amtssprache. So nennt man eine Sprache, die in den Behörden und von der Regierung eines Landes gesprochen wird. Darüber hinaus ist das Deutsche in vielen anderen Ländern eine Minderheitensprache, zum Beispiel in Rumänien oder in Russland. „Minderheitensprache" bedeutet, dass ein kleiner Teil der dort lebenden Bevölkerung Deutsch als Muttersprache spricht. Aber nicht nur in Europa, auch auf anderen Kontinenten der Welt kommt Deutsch als Minderheitensprache vor, zum Beispiel in den USA, in Brasilien, in Namibia oder in Südafrika. Insgesamt wird Deutsch in 42 Ländern der Welt gesprochen.

Rekordverdächtig!

Wie heißt das längste Wort im Deutschen? Und welcher Buchstabe kommt am häufigsten vor? Um diese Fragen zu beantworten, haben wir mal im Rechtschreibwörterbuch von Duden nachgeforscht. Denn darin steht eine riesige Anzahl an Wörtern, die häufig verwendet werden. Und man kann ein paar erstaunliche Entdeckungen machen …

Das längste Wort …

… hat genau 44 Buchstaben. Es lautet:
Aufmerksamkeitsdefizit-Hyperaktivitätsstörung.
Die Duden-Redaktion hat sogar ein Wort mit 79 Buchstaben gefunden. Das hat es allerdings nicht ins Wörterbuch geschafft. Es heißt:
Rinderkennzeichnungsfleischetikettierungsüberwachungsaufgaben-übertragungsgesetz

Der häufigste und der seltenste Buchstabe …

Der häufigste Buchstabe im Deutschen ist E/e!

Das Q/q kommt dagegen am seltensten vor.

Die häufigsten Wörter

Die Wörter *der, die* und *das* werden am häufigsten in Texten gebraucht.

Im Durchschnitt besteht ein Wort im Duden aus 10,6 Buchstaben.

Männlich, weiblich oder sächlich?

Die meisten Nomen (Namenwörter) sind weiblich.
Das heißt, sie haben den Artikel *die*.

Eieiei! Die meisten Vokale

5 Vokale hintereinander – mehr geht im Deutschen nicht! Zumindest nicht in einem Wort. Und das schaffen insgesamt nur 3 Wörter in unserem Wörterbuch: zweieiig, Donauauen und Treueeid. Bei einem Ausruf kannst du natürlich beliebig viele Vokale aneinanderhängen: Iiiiiiii!

Grrrrr! Die meisten Konsonanten

Weißt du, was ein Borschtsch ist?
Das ist eine vor allem in Osteuropa sehr beliebte Rote-Bete-Suppe.
Aber nicht nur das!
Es ist in unserem Wörterbuch auch das einzige einfache Wort mit 8 Konsonanten (Mitlauten) hintereinander. Zusammengesetzte Wörter mit der gleichen Anzahl von Konsonaten findet man dagegen häufiger.
Zum Beispiel:
Angstschweiß oder
Geschichtsschreibung.

Warum klingt Deutsch in Österreich anders als in Deutschland?

In jedem Land klingt das gesprochene Deutsch unterschiedlich: So kaufst du in einem Supermarkt in Österreich *Topfen, Schwammerln* und ein *Sackerl mit Zuckerln*. In Deutschland dagegen *Quark, Pilze* und einen *Beutel Bonbons*. In der Schweiz wird *Zmorge, Zmittag* und *Znacht* gegessen, in Deutschland und Österreich sagt man stattdessen *Frühstück, Mittagessen* und *Abendessen*. Aber wenn die Wörter so unterschiedlich sind: Ist es dann trotzdem noch ein und dieselbe Sprache? Ja und nein. Ja, weil in allen drei Ländern Hochdeutsch gesprochen wird. Nein, weil es in jedem Land ein anderes Hochdeutsch ist: nämlich Österreichisches Hochdeutsch, bundesdeutsches Hochdeutsch oder Schweizer Hochdeutsch. Und diese drei Arten unterscheiden sich nicht nur in der Aussprache, sondern auch im Wortschatz und in der Grammatik. Selbstverständlich hat deshalb auch jedes Land seine eigenen Wörterbücher.

Solche Unterscheidungen gibt es übrigens nicht nur im Deutschen. So spricht man in England ein anderes Englisch als in den USA, in Australien oder in Kanada. Und das Französisch in Frankreich klingt wiederum ganz anders als das Französisch, das auf den karibischen Inseln gesprochen wird.

Stuhl oder Sessel?

In Österreich sitzen die Kinder in der Schule nicht auf Stühlen – sondern auf Sesseln. Wer jetzt glaubt, man sitzt dort bequemer, der irrt gewaltig – und spricht kein Österreichisch! Denn der österreichische Sessel ist in Deutschland ein Stuhl. Das Möbelstück, dass man in Deutschland wiederum *Sessel* nennt, heißt in Österreich *Fauteuil*.

Ein Land – viele Sprachen!

Viele Länder haben mehr als eine Amtssprache: In Belgien zum Beispiel sind es Französisch, Niederländisch und Deutsch. Die Schweiz kommt mit Deutsch, Französisch, Italienisch und Rätoromanisch sogar auf vier Amtssprachen.

Und wie war das mit den Dialekten?

Aber auch innerhalb eines Landes kann Deutsch ganz schön unterschiedlich klingen. So haben wir in diesem Buch bereits eine Menge über Dialekte gelesen. Erinnerst du dich noch? Ein Dialekt ist eine Variante einer Sprache, die die Menschen in einer bestimmten Region sprechen. Die Wurzeln vieler deutscher Dialekte reichen bis weit ins Mittelalter zurück, denn damals sprachen die Menschen beinahe in jedem Dorf einen anderen Dialekt. Die mittelalterlichen Dialekte wiederum haben ihren Ursprung in den alten Sprachen der Germanen.

Warum sterben Dialekte aus?

Leider beobachten die Wissenschaftlerinnen und Wissenschaftler, dass es seit einigen Jahrzehnten immer weniger Dialekte gibt. Viele sind vom Aussterben bedroht und manche sind bereits ausgestorben. Dafür gibt es gleich mehrere Gründe: Zum einen sind wir viel mobiler als noch vor hundert Jahren. So verlassen vor allem junge Menschen ihre Heimatregion, um in einer weiter entfernten Stadt zu studieren oder eine Ausbildung anzunehmen. Andere ziehen wegen ihrer Arbeit um oder weil sie in einer anderen Stadt einen Menschen kennengelernt haben, mit dem sie gerne zusammenleben möchten. In der neuen Heimat verständigen sie sich aber meist auf Hochdeutsch – denn das können ja alle sprechen!

Zum anderen sind heute nahezu alle Bücher, Zeitschriften, Zeitungen und Internet-Texte auf Hochdeutsch geschrieben. Auch in Filmen, TV-Serien und Fernsehsendungen sprechen die Menschen nur ganz selten einen Dialekt. Schließlich sollen die Sendungen im ganzen Land verstanden werden. Und in der Schule und an den Universitäten wird ebenfalls in der Regel auf Hochdeutsch unterrichtet. Wenn aber sowieso überall Hochdeutsch gesprochen wird – warum soll man dann noch einen Dialekt lernen? Zum Beispiel, weil ein Dialekt auch viel Schönes mit sich bringen kann. So kann ein gemeinsamer Dialekt dazu führen, dass sich die Menschen miteinander verbunden fühlen. Er kann also das Zusammengehörigkeitsgefühl stärken. Außerdem machen Dialekte die Sprache noch viel bunter und vielfältiger: Zum Beispiel kann im Rheinischen eine Hose ganz schön *spack* sein – aber wegen so einem *Kinkerlitz* sollte man wirklich nicht so viel *Gedöns* machen!*

Woher kommst du denn?

Auch wenn ein Mensch Hochdeutsch spricht, kannst du oft heraushören, aus welcher Region er kommt. Denn einige sprachliche Eigenheiten kann man nur schwer ablegen: So rollen Menschen aus Bayern das *r* viel stärker als Menschen, die in Norddeutschland aufgewachsen sind. Auch die Sprachmelodie, also die Art, wie man die Wörter und Sätze betont, verrät häufig die Herkunft.

Wie sprichst denn du?

Neben den Dialekten gibt es aber natürlich noch unzählige andere Arten, Deutsch zu sprechen. Und das fängt schon im Kleinen an: Vielleicht verwendest du ja mit deinen Freunden und Freundinnen spezielle Wörter, deren Bedeutung nur ihr versteht. Oder ihr nutzt an eurer Schule Wörter, die sonst nirgendwo anders verwendet werden. Wenn nun ein neues Kind an eure Schule oder

---

* *Spack* bedeutet „viel zu eng sitzend“, *Kinkerlitz* ist eine „Kleinigkeit“ und *Gedöns* übersetzt man am besten mit „Aufhebens“.

in eure Clique kommt, muss es diese Wörter erst mal lernen, um mitreden zu können. Denn erst wenn man diese geheimen Wörter einer Gruppe kennt, gehört man richtig dazu. Überhaupt nutzen Kinder und Jugendliche häufig ganz andere Wörter als Erwachsene. Und sie bauen auch ihre Sätze anders zusammen! In der Sprachwissenschaft spricht man dann von „Jugendsprache“. *Chillen, nice, Besti* oder *I bims* – das sind alles Bezeichnungen, die als erstes von Jugendlichen verwendet wurden und sich dann schnell herumgesprochen haben. Viele solcher Modewörter verschwinden irgendwann wieder. Aber einige bleiben auch – und werden manchmal sogar von den Erwachsenen übernommen. So ist *krass* schon lange kein Wort mehr, das nur Jugendliche benutzen. Und natürlich kannst du es mittlerweile schon im Wörterbuch nachschlagen.

Echt krass!

Ganz jung ist das Wort mit Sicherheit nicht. Vielleicht haben es sogar schon deine Eltern gebraucht, als sie Jugendliche waren. Aber tatsächlich ist es wohl noch viel älter als du denkst: Denn vor rund 200 Jahren war es schon einmal in Mode! Damals bedeutete es so viel wie „schrecklich“ oder „heftig“. Seine Wurzeln reichen sogar noch weiter zurück. Denn *krass* kommt vom lateinischen Wort *crassus*. Das bedeutete so viel wie „dick, grob“ oder „plump“.

Was ist Kiezdeutsch?

Vor allem in den großen Städten, aber auch in vielen anderen Regionen leben heute Menschen zusammen, die die unterschiedlichsten Sprachen sprechen und das beeinflusst natürlich auch die deutsche Sprache. So haben viele Jugendliche eine ganz eigene Art von Deutsch entwickelt: das Kiezdeutsch. Der Name stammt ursprünglich aus Berlin. Mit *Kiez* bezeichnet man hier das Wohngebiet, in dem man lebt und sich die meiste Zeit aufhält. Die Sätze

Gehst du heute Schwimmbad? oder *Musstu kommen!* sind typische Beispiele für das Kiezdeutsch. Viele Erwachsene halten das einfach für schlechtes Deutsch. Aber damit liegen sie falsch! In der Sprachwissenschaft gilt das Kiezdeutsch als Dialekt mit eigenem Wortschatz, eigener Grammatik und eigener Aussprache. Zudem bedeutet es noch lange nicht, dass die Jugendlichen, die Kiezdeutsch sprechen, nicht auch das „normale“ Deutsch sprechen können, wenn sie es denn wollen.

Hip-Hop macht Sprache!

Im Mittelalter hatte die Sprache der Minnesänger das Mittelhochdeutsche geprägt. Und auch heute hat Musik einen großen Einfluss auf unsere Sprache. Ein gutes Beispiel dafür ist der Hip-Hop, zu dem unter anderem der Rap gehört. Erfunden wurde dieser schnelle Sprechgesang vor etwa 50 Jahren von jungen Schwarzen Musikerinnen und Musikern in den USA. Von hier aus breitete sich der neue Musikstil rasch in vielen Ländern aus. Auch in Deutschland war Hip-Hop ein voller Erfolg! Zunächst wurde noch auf Englisch gerappt, aber schon bald gab es viele erfolgreiche Rapper und Rapperinnen, die ihre Lyrics, also die Songtexte, auf Deutsch schrieben. In ihren Songs verarbeiten die Musikerinnen und Musiker die unterschiedlichsten Themen. Im Gangster-Rap geht es vor allem um Geld, Drogen, Gewalt und das harte Leben auf der Straße. Dabei kommen viele Schimpfwörter und englische Flüche zum Einsatz. Andere Musikerinnen und Musiker rappen über Liebe und Freundschaft, aber auch über Benachteiligung, Rassismus und andere Themen, die sie beschäftigen. Allen gemeinsam ist, dass sie mit der Sprache spielen: Sie reimen, erfinden neue Ausdrücke und weben Wörter aus anderen Sprachen ein. Für Nicht-Eingeweihte sind die Texte daher manchmal ziemlich rätselhaft – allen anderen ist dagegen absolut klar, was sie meinen!

Die Sprache des Hip-Hops ist heute fester Bestandteil der Jugendsprache. Und regelmäßig wandern Wörter aus der Hip-Hop-Szene in die gesprochene Sprache über. Allerdings wechseln die Wörter mitunter ganz schön schnell – und kaum hat sich ein

Wort rumgesprochen, ist es schon nicht mehr aktuell. Die Anrede *Alter* gehört aber zum Beispiel schon zu den Klassikern und auch das Wort *flexen** hätte es ohne den Rap bestimmt nicht in den deutschen Wortschatz geschafft.

Was ist Hip-Hop?

Hip-Hop ist nicht nur ein Musikstil, sondern eine ganze Kultur. Dazu gehören nicht nur der Rap, sondern auch das Sprayen von Graffitis, das Mixen von Musik an Plattenspielern und der Breakdance – das ist ein ziemlich akrobatischer Tanzstil.

Es war einmal ... Französisch!

Fast alles, was modern ist, beeinflusst auch unsere Sprache – das ist nicht erst seit heute so. Im 17. Jahrhundert zum Beispiel war der französische Königshof das große Vorbild für den europäischen Adel: Die Adligen trugen Kleidung, die nach der neuesten französischen Mode gefertigt war, und richteten ihre Schlösser im französischen Stil ein. An den Höfen wurde zudem vornehm auf Französisch parliert. Und das hatte wiederum großen Einfluss auf die deutsche Sprache. Darum stammt eine Menge Wörter, die wir heute ganz selbstverständlich nutzen, ursprünglich aus dem Französischen. Bei einigen kannst du das immer noch hören: So werden *Parfum, Dessert* oder *Collage* französisch ausgesprochen. Auch bei *Garage, Jongleur* oder *Billard* kannst du die französische

---

* *Flexen* kommt vom englischen Wort *to flex. To flex one's muscles* kannst du übersetzen mit „die Muskeln spielen lassen“: Am Anfang war damit also gemeint, dass man seine Muskeln anspannt und zeigt. Die Bedeutung hat sich mittlerweile etwas geändert. Jetzt bedeutet es so viel wie „angeben“ oder „prahlen“.

Herkunft gut erkennen. Andere Wörter wie zum Beispiel *Büro, Figur, Creme, Signal* oder *Idee* wurden mit der Zeit so an das Deutsche angepasst, dass sie gar nicht mehr als Fremdwörter auffallen.

Och menno!

Vielleicht sagst du das ja auch hin und wieder, wenn du dich über etwas ärgerst! Aber wusstest du schon, dass dieser Ausdruck ebenfalls aus dem Französischen stammt? Er leitet sich von dem französischen Ausruf *Mais non!* ab. Übersetzt heißt das „Aber nein!“.

Englisch? Cool!

Heute übernehmen wir kaum noch Wörter aus dem Französischen. Dafür stehen englische Wörter hoch im Kurs. Und so wie man im 17. Jahrhundert Frankreich zum Vorbild hatte, schauen wir seit einigen Jahrzehnten nach Amerika. So schwappen viele Moden und Trends aus den USA nach Europa und Deutschland – und mit ihnen die dazu passenden Wörter, zum Beispiel das *Skateboard*, die *Jeans*, das *T-Shirt* oder die *Boxershorts*.

Auch in der Musik spricht man häufig Englisch, da viele Musikrichtungen in den USA oder in England entstanden sind: So hören wir Rock und *Pop, Punk, Jazz* und *Soul, Rap* und *Techno*.

Immer häufiger übernehmen wir direkt das englische Wort – und nur noch selten machen wir uns die Mühe, die englischen Bezeichnungen ins Deutsche zu übersetzen oder ein deutsches Wort dafür zu finden.

Noch mehr Englisch

Natürlich ist es keine Überraschung, dass das Englische einen so großen Einfluss auf das Deutsche hat: Schließlich ist es eine der am häufigsten gesprochenen Sprachen der Welt. Und weil Englisch so wichtig geworden ist, lernen es natürlich auch immer mehr Menschen. In Deutschland ist Englisch mittlerweile ein Pflichtfach an der Schule und spätestens ab der 7. Klasse müssen alle Schülerinnen und Schüler diese Fremdsprache lernen. Deshalb ist es auch gar nicht mehr unbedingt nötig, für neue Entwicklungen und Erfindungen deutsche Bezeichnungen zu finden. Die englischen versteht man ja schließlich genauso gut! Wie alltäglich englische Wörter in der deutschen Sprache sind, merkst du besonders gut, wenn du dich im Bereich der Technik umschaust: *Flatscreen, Monitor* oder *Computer, Internet, Browser* oder *World Wide Web, liken, chatten* oder *surfen* – das sind alles englische Wörter. Aber auch in anderen Bereichen unseres Alltags tauchen immer mehr englische Bezeichnungen auf: So haben wir eine *Flatrate* beim Telefonieren, gehen *Sneakers* im *Sale* shoppen und sagen *Sorry!*, wenn wir jemanden versehentlich anrempeln.

Gibt's das auch auf Deutsch?

Nicht immer wurde direkt die englische Bezeichnung übernommen. Manchmal wurde sie auch ins Deutsche übersetzt: So wurde der *Skyscraper* zum „Wolkenkratzer", das *Floodlight* zum „Flutlicht" und der *Ponytail* zum „Pferdeschwanz". Heute übersetzen wir die Wörter eigentlich kaum noch. Aber du kannst es ja mal zum Spaß versuchen: Wie würdest du zum Beispiel einen *Cheeseburger* auf Deutsch nennen? Oder die *Halfpipe*, den *Looping*, das *Bungee-Jumping*, das *Inline-Skating* ...?

Sieht aus wie Englisch – ist aber Deutsch!

Lustig wird es dann, wenn wir Wörter verwenden, die nur scheinbar aus dem Englischen stammen. Ein typisches Beispiel ist das Wort *Handy*. Klingt englisch, ist aber typisch deutsch. Denn weder ein Engländer noch eine US-Amerikanerin kann mit der Bezeichnung etwas anfangen. In ihrer Heimat nennt man tragbare Telefone entweder *mobile phone* (in England) oder *cell phone* (in den USA). Der *Oldtimer* ist in England ein *vintage car*. Und wenn wir auf der Couch durch die Fernsehprogramme *zappen*, nennt man das im Englischen *channel-hopping*. Richtig peinlich wird es beim *Public Viewing*: In Amerika versteht man darunter das öffentliche Zeigen eines aufgebahrten Leichnams und ganz bestimmt nicht das gemeinsame Gucken eines Fußballspiels auf einer großen Leinwand.

Aber warum erfinden wir im Deutschen Wörter, die Englisch klingen? Ganz einfach: Weil es sich moderner, weltoffener und vor allem cooler anhört – jedenfalls empfinden das viele so. Deshalb werden gerade in der Werbung englische Fantasie-Bezeichnungen genutzt – die dann manchmal ihren Weg in die Alltagssprache der Menschen finden.

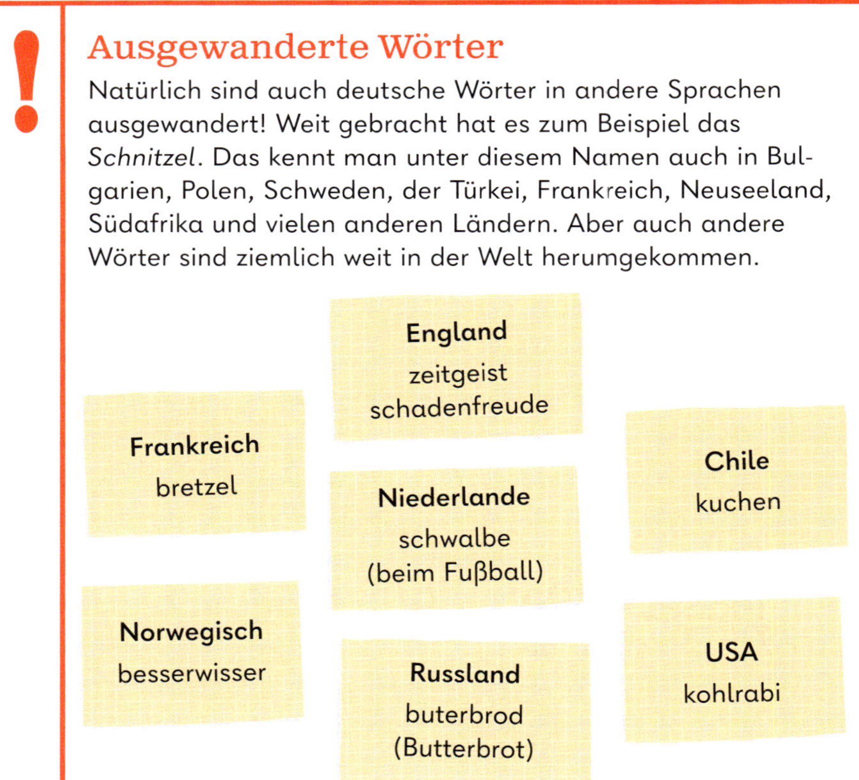

Ausgewanderte Wörter

Natürlich sind auch deutsche Wörter in andere Sprachen ausgewandert! Weit gebracht hat es zum Beispiel das *Schnitzel*. Das kennt man unter diesem Namen auch in Bulgarien, Polen, Schweden, der Türkei, Frankreich, Neuseeland, Südafrika und vielen anderen Ländern. Aber auch andere Wörter sind ziemlich weit in der Welt herumgekommen.

England
zeitgeist
schadenfreude

Frankreich
bretzel

Niederlande
schwalbe
(beim Fußball)

Chile
kuchen

Norwegisch
besserwisser

Russland
buterbrod
(Butterbrot)

USA
kohlrabi

Sind Fremdwörter gefährlich?

Einige Menschen sehen es sehr kritisch, dass im Deutschen immer mehr englische Wörter verwendet werden. Denn sie fürchten, dass ihre Sprache dadurch schlechter wird. Dass sich Menschen gegen Fremdwörter wehren, ist allerdings nichts Neues: Schon im 17. Jahrhundert wurden sogenannte Sprachgesellschaften gegründet. Diese machten es sich zur Aufgabe, die deutsche Sprache zu fördern. So begann man unter anderem, wichtige Werke aus anderen Sprachen ins Deutsche zu übersetzen. Gleichzeitig gaben sich diese Gesellschaften große Mühe, die deutsche Sprache „rein" zu halten und Fremdwörter aus dem Deutschen zu verbannen. Vor allem die Wörter aus dem Französischen waren ihnen ein Dorn im Auge. Sehr erfolgreich waren sie damit allerdings nicht, wie wir eben gesehen haben.

Unentwegt fließen neue Wörter aus anderen Sprachen in unseren Wortschatz mit ein. Denn sobald wir mit anderen Kulturen in Kontakt kommen, hinterlassen diese auch Spuren in unserer Sprache: So kommen die Wörter *Kaffee*, *Döner* und *Kiosk* ursprünglich aus dem Türkischen, *Schach*, *Zucker* und *Matratze* aus dem Arabischen, *Pizza*, *Cappuccino* und *Spaß* aus dem Italienischen und *Koala* aus der Sprache der australischen Aborigines.

Verändern sich auch die Regeln?

Jede Sprache hat eine eigene Grammatik. Und diese enthält genaue Regeln, nach denen wir Wörter und Sätze bilden. Allerdings können die Regeln auch angepasst werden. Das lässt sich sehr gut am Genitiv beobachten. Vielleicht hast du in der Schule ja mal davon gehört? Das ist einer der vier Fälle, in dem ein Nomen (Substantiv, Namenwort) stehen kann.* Seit einiger Zeit wird der Genitiv immer seltener verwendet. So kannst du immer öfter hören: „Das ist von dir!“ (Dativ) statt „Das ist deins.“ (Genitiv). Oder: „Das ist das Buch von meinem Bruder.“ (Dativ) statt „Das ist das Buch meines Bruders!“ (Genitiv).

Vereinfacht können wir also sagen: Eine Sprache verändert sich immer dann, wenn irgendjemand eine grammatische Regel bricht und viele andere das nachmachen. Der Satz *Wegen dem Schnee habe ich kalte Füße* hört sich zum Beispiel für viele richtig an. Streng genommen ist er es aber ni cht. Grammatisch richtig ist nämlich: *Wegen des Schnees habe ich kalte Füße.* Denn die Regel lautet: Nach *wegen* folgt immer ein Genitiv. In unserem Beispiel folgt auf *wegen* allerdings der Dativ. Weil aber immer mehr Menschen *wegen dem Schnee* sagen, also den Dativ nutzen, kann es gut sein, dass die grammatische Regel irgendwann geändert wird. Erste Anzeichen dafür gibt es bereits: So wird seit einiger Zeit *wegen dem* in vielen Grammatik-Büchern schon verzeichnet und als „umgangssprachlich“ bezeichnet. Das bedeutet: In der gesprochenen Sprache ist das richtig, aber schreiben sollte man es (noch) nicht.

---

* Für den Fall, dass du gerade nicht genau weißt, was die vier Fälle sind, kommt hier eine kurze Erklärung: Jedes Nomen (Substantiv, Namenwort) kann in einem der vier Fälle stehen. Der Fall zeigt dir an, wie ein Nomen in einem Satz verwendet wird. Mit der Frageprobe kannst du ganz leicht den Fall eines Nomens herausfinden.
Hier ein Beispiel: 1. Fall, Nominativ: Wer ist traurig? Der Affe ist traurig. 2. Fall, Genitiv: Wessen Ball ist das? Es ist der Ball des Affen. 3. Fall Dativ: Wem gefällt das nicht? Dem Affen gefällt das nicht. 4. Fall, Akkusativ: Wen trösten die Freunde? Die Freunde trösten den Affen.

Bleibt die Rechtschreibung immer gleich?

Nein. Auch die Rechtschreibung kann sich ändern. Allerdings bedeutet das noch lange nicht, dass du schreiben kannst, wie du willst. Denn für die allermeisten Wörter gibt es erstmal eine festgelegte Schreibweise. Nur in einigen Ausnahmefällen kannst du auch schon mal zwischen mehreren Schreibweisen wählen. Wenn du also den *Vogel* im Diktat spontan mit F schreibst, ist das auf jeden Fall ein Fehler. Trotzdem kann die Rechtschreibung geändert werden. Allerdings nicht von einer Person allein. Denn ein so großer Eingriff in die Sprache ist ziemlich aufwendig. Vor einigen Jahrzehnten haben sich trotzdem viele Sprachexpertinnen und Sprachexperten aus Deutschland, Österreich und der Schweiz zusammengesetzt, um die Rechtschreibung zu verändern. Ihr Ziel war es, diese einheitlicher zu machen, sodass das richtige Schreiben leichter werden würde. Im Jahr 1996 gab es dann eine große Rechtschreibreform. Danach gab es viele neue Rechtschreibregeln und Schreibweisen, an die sich die Menschen erst mal gewöhnen mussten. Auch Schulbücher und Nachschlagewerke mussten schnell angepasst werden, damit in den Schulen die neuen Regeln gelehrt werden konnten. Ebenso wurden nach und nach viele andere Bücher und Schriften daran angepasst. Damals herrschte deswegen ziemlich große Aufregung! Heute sind die Regeln für uns jedoch ganz selbstverständlich. Und wenn wir auf Texte in der alten Rechtschreibung stoßen, kommen sie uns irgendwie komisch vor.

Was ist Gendern?

Manche sprachlichen Veränderungen passieren nahezu unbemerkt. Andere dagegen verursachen einen ganz schönen Wirbel. Dazu gehört zum Beispiel das Thema „gendergerechte Sprache“. Das Wort *gender* kommt aus dem Englischen und bedeutet so viel wie „Geschlecht“. Aber was hat das Geschlecht mit der Sprache zu tun? Dazu müssen wir ein bisschen weiter ausholen:

In der deutschen Sprache können wir bei vielen Personen- und Berufsbezeichnungen ganz leicht unterscheiden, ob es ein Mann oder eine Frau ist. Wenn wir zum Beispiel sagen *Der Musiklehrer und die Physiklehrerin fahren mit uns auf Klassenfahrt* wissen wir sofort, dass der Musiklehrer männlich und die Physiklehrerin weiblich ist. So weit, so gut. Jetzt wird es allerdings komplizierter. Nehmen wir mal den Satz: *Ich gehe heute zum Arzt.* Ist der Arzt nun ein Mann oder eine Frau? Das wissen wir nicht genau. Denn häufig nehmen wir einfach die männliche Bezeichnung, wenn wir etwas ganz allgemein formulieren wollen. Und das kann zum Problem werden. Denn unsere Sprache ist ziemlich mächtig. So haben wissenschaftliche Studien gezeigt: Wenn wir immer nur die männliche Form hören, stellen wir uns darunter auch meist einen Mann vor. Hören wir also ständig von *Piloten, Mathematikern* und *Programmierern*, denken wir hauptsächlich an Männer – auch wenn die Frauen mitgemeint sind. Weil die Frauen in der Sprache aber hinter den Männern verschwinden, kommen viele Mädchen erst gar nicht auf die Idee, *Pilotin, Mathematikerin* oder *Programmiererin* zu werden. Umgekehrt stellen wir uns übrigens auch eine Frau vor, wenn wir ständig die weibliche Form hören. Das ist vor allem bei bestimmten Berufen wie *Erzieherin* oder *Kosmetikerin* ein Problem. Denn Jungs, die Erzieher werden wollen, tauchen häufig in der Sprache gar nicht auf. Aber genau das kommt vielen Menschen unfair vor. Deshalb setzen sie sich für eine gendergerechte Sprache ein. Das bedeutet, sie wollen eine Sprache, in der das weibliche und das männliche Geschlecht gleichbehandelt werden. Es soll keines bevorzugt werden, und alle Menschen sollen gleich sichtbar sein.

Was ist ein grammatisches Geschlecht?

Nahezu jedes Nomen hat einen Artikel: Das ist entweder der männliche Artikel *der*, der weibliche Artikel *die* oder der sächliche Artikel *das*. Das ist das grammatische Geschlecht eines Nomens. Manchmal ist das grammatische Geschlecht das gleiche wie das natürliche oder biologische Geschlecht: So ist *der Mann* männlich und *die Frau* weiblich. Aber in vielen Fällen sagt das grammatische Geschlecht nichts darüber aus, welches natürliche Geschlecht das Nomen hat: *Das Mädchen* zum Beispiel ist keine Sache – obwohl es einen sächlichen Artikel hat.

Mehr als nur weiblich und männlich!

Wir unterscheiden meist zwischen weiblich und männlich. Allerdings gibt es Menschen, die sich nicht ganz klar zu der einen oder anderen Gruppe zuordnen können. Sie empfinden sich nicht als eindeutig männlich oder eindeutig weiblich. Und für sie bringt diese Einteilung große Probleme mit sich. Gendergerechte Sprache versucht auch, diese Menschen mit einzubeziehen – zum Beispiel, indem man versucht, ganz auf eine Zuordnung zu einem der beiden Geschlechter zu verzichten.

Und wie gendern wir?

Für viele Menschen ist klar, dass sie gendergerecht sprechen wollen. Allerdings ist die Umsetzung nicht immer ganz leicht. Deshalb konnte man sich bislang auch noch nicht auf einheitliche Regeln einigen. Am einfachsten ist es natürlich, beide Geschlechter zu nennen. Also zum Beispiel: *unsere Lehrerin und unser Lehrer*. Allerdings ist das ziemlich lang. Und wenn es öfter vorkommt, kann es auch stören. Stell dir mal vor, du müsstest mehrmals hintereinander *Donauschifffahrtskapitänin* und *Donauschifffahrtskapitän* lesen. Da wäre der Text ganz schön holprig! Deshalb hat man sich verschiedene Kurzformen überlegt, zum Beispiel mit Sternchen, Schrägstrich oder Doppelpunkt. Allerdings muss man dabei aufpassen, dass man das Wort auch richtig zusammenbaut: Arzt/in geht zum Beispiel schon mal nicht, weil es ja nicht *Arztin* heißt, sondern *Ärztin*. In manchen Fällen ist es deshalb besser, auf ein neutrales Wort zurückzugreifen. In diesem Buch haben wir zum Beispiel oft das Wort *Forschende* gebraucht, wenn wir Forscherinnen und Forscher meinten. Allerdings klappt auch dieser Trick nicht immer: Eine *Backende* ist schließlich doch etwas anderes als eine *Bäckerin*. Aber auch wenn gendergerechte Sprache erst mal etwas ungewohnt oder schwierig erscheint – mit ein bisschen Übung fällt es schnell leichter, das passende Wort zu finden. Und so kann das Gendern ein Weg sein, die Vielfalt unserer Gesellschaft auch in der Sprache sichtbar zu machen.

Lehrer/-in LehrerIn Lehrkraft Lehrer:in

lehrende Person Lehrer_in Lehrer*in

Nicht alle wollen gendern

Viele Menschen wollen, dass Männer und Frauen gleichberechtigt sind. Aber nicht alle wollen gendern. Sie kritisieren, dass dies ein zu starker Eingriff in die Sprache ist und ein gegenderter Text oft nicht so schön klingt. Oder sie wollen sich nicht ständig Gedanken darüber machen, wie sie gendergerecht reden und schreiben sollen. Andere glauben, dass es nichts hilft, wenn man die Sprache verändert. Und sie argumentieren, dass man keine Ungerechtigkeiten aus dem Weg schaffen kann, nur weil man anders schreibt oder spricht. Und wieder andere halten das Gendern für absoluten Quatsch, den niemand braucht. Deshalb dürfen wir sehr gespannt sein, wie wir tatsächlich in 20 Jahren schreiben und sprechen werden – und was sich letztendlich durchsetzen wird!

Wenn sich die Welt verändert ...

... verändert sich auch die Sprache. Egal ob Klimawandel oder ein gemeines Virus, neue technische Entwicklungen oder große Sportereignisse: Alle Themen, die uns beschäftigen, führen zu neuen Wörtern. Und wenn wir sehr lange und sehr viel über ein Thema sprechen, dann bleiben die dazu passenden Wörter auch für lange Zeit erhalten. Unsere Sprache funktioniert also ähnlich wie ein magischer Spiegel. Und dieser Spiegel zeigt an, worüber wir uns Gedanken machen, was wir fühlen und wie wir gerade ticken.

Deshalb gibt es auch nicht nur eine einzige deutsche Sprache, sondern unendlich viele Varianten: Und auch diese verwandeln sich ständig. Denn sobald wir uns mit anderen Menschen austauschen, beeinflussen wir auch gegenseitig unsere Sprachen.

Einigen Menschen machen diese Veränderungen allerdings Sorgen. Sie fürchten, dass unsere Sprache schlechter wird, wenn wir zum Beispiel viele Fremdwörter nutzen oder der Genitiv immer seltener zum Einsatz kommt. Deshalb wollen sie das Deutsche so bewahren, wie es gerade ist. Doch letztendlich ist das ein hoffnungsloses Unterfangen, denn eine Sprache passt sich immer an die Menschen an, die sie verwenden. Und weil wir Menschen uns ständig verändern, neue Dinge erfinden und immer wieder Neues entdecken, bleibt auch unsere Sprache niemals stehen.

Neue Wörter im Duden

Als 2020 ein neues Duden-Wörterbuch erschien, wurden darin auch die folgenden Wörter neu aufgenommen: *Insektensterben*, *Klimakrise* und *plastikfrei*. Außerdem *Atemschutzmaske*, *Social Distancing*, *Fridays for Future* und *genderneutral*. Wie lange die Wörter im Duden bleiben? Keine Ahnung! Das hängt davon ab, wie lange wir darüber sprechen!

Nun weißt du wirklich eine Menge über unsere Sprache! Aber wäre es jetzt nicht spannend zu wissen, wie die Menschen in 100 Jahren sprechen? Dann lass uns doch zum Schluss noch mal einen Blick in die Zukunft werfen! Mal schauen, was da so passiert …

Wie sagt man das in Österreich?

In **Österreich** verwenden die Menschen für vieles andere Wörter als in **Deutschland**. Errätst du, welche Wörter dasselbe meinen?

Lösung: 1g, 2c, 3n, 4m, 5q, 6l, 7a, 8p, 9h, 10j, 11o, 12b, 13k, 14f, 15i, 16d

Wie sprechen wir in 100 Jahren?

Stell dir vor, wir reisen mit einer Zeitmaschine in die Zukunft. Als Ziel geben wir ein: Deutschland in 100 Jahren. Was denkst du, wie sprechen die Menschen dann? So ähnlich wie wir heute? Eine Mischung aus Englisch und Deutsch? Oder gibt es das Deutsche dann vielleicht gar nicht mehr? Diese Fragen stellen sich natürlich auch die Sprachwissenschaftlerinnen und Sprachwissenschaftler. Und auch wenn sie leider keine echte Zeitreise unternehmen können, können sie trotzdem schon einiges über die Sprache der Zukunft sagen. Und um diese soll es im letzten Kapitel unseres Buchs gehen.

Wird die deutsche Sprache schlechter?

Viele Erwachsene sind der Meinung, dass junge Menschen ein immer schlechteres Deutsch sprechen: Sie meckern darüber, wie man heute Chatnachrichten oder Kurznachrichten schreibt. Sie ärgern sich über zu viele englische Wörter. Und sie sind sich sicher, dass die Jugend von heute mit ihrer seltsamen Jugendsprache das Deutsche ruiniert. Das Klagen über den Sprachverfall ist allerdings nichts Neues, denn das machen die Menschen bereits seit Generationen. So schrieb die adlige Prinzessin

Lieselotte von der Pfalz vor rund 300 Jahren einen Brief an ihre Freundin. Darin beklagte sie sich, dass die Deutschen ihre Sprache verderben würden. Und vor rund 170 Jahren beschwerte sich der Philosoph Arthur Schopenhauer bitterlich über die Verhunzung der deutschen Sprache. Zudem bekämpfen bereits seit dem 17. Jahrhundert verschiedene Sprachgesellschaften alle möglichen Fremdwörter im Deutschen. Trotzdem kann man sich natürlich fragen: Haben die Menschen vielleicht recht mit ihren Sorgen? Zum Glück ist die Antwort der meisten Sprachwissenschaftlerinnen und Sprachwissenschaftler eindeutig: Nein, Sorgen muss man sich nicht machen! Die deutsche Sprache geht nicht unter und sie geht auch nicht kaputt – sie verändert sich nur ständig. Genau wie die Welt, in der wir leben. Deshalb werden die Menschen mit Sicherheit in 100 Jahren anders sprechen als wir heute – schließlich wird sich die Welt bis dahin ebenfalls ändern.

Was wird anders?

Zunächst einmal wird es wohl so weitergehen wie immer: Wörter aus anderen Sprachen werden hinzukommen, neue Wörter werden entstehen und veraltete Wörter werden verschwinden. Auch die Grammatik wird mit Sicherheit nicht so bleiben, wie sie jetzt ist. Erste Hinweise, wie sich die Grammatik verändern wird, gibt es ja bereits: So haben wir in einem der vorherigen Kapitel über den Genitiv gesprochen. Erinnerst du dich? Das ist einer der vier Fälle. Aber viele Menschen nutzen stattdessen lieber den Dativ. Weil der Genitiv daher immer seltener verwendet wird, kann es gut sein, dass er irgendwann ganz verschwindet. Denn etwas vereinfacht kann man sagen: Alles, was die Menschen nicht mehr nutzen, verschwindet irgendwann aus der Sprache. Und das gilt nicht nur für Wörter, sondern auch für grammatische Regeln. Einige Wissenschaftlerinnen und Wissenschaftler gehen außerdem davon aus, dass wir neue Laute aus anderen Sprachen übernehmen werden: So sprechen heute schon viele Menschen englische Städtenamen oder aus dem Englisch stammende Wörter auch Englisch aus. Ein schönes Beispiel dafür ist das Wort *Poster*. Dass kann man deutsch als *Pohster* aussprechen, oder eben Englisch als *Pouster*.

Dass sich Laute ändern oder neue hinzukommen, ist aber auch nichts Neues in der Sprachgeschichte: So wurde aus dem Mittelhochdeutschen *boum* ein neuhochdeutscher *Baum*.

Andere Sprachen, andere Laute

Lernst du in der Schule bereits eine Fremdsprache? Dann ist dir bestimmt schon aufgefallen, dass jede Sprache auch ganz eigene Laute hat. Und diese sind für Menschen, die die Sprache neu lernen, mitunter ganz schön schwer auszusprechen. Ein typisches Beispiel ist das *th* im Englischen, zum Beispiel in den Wörtern *the* oder *brother*. Das hört sich für uns immer ein bisschen gelispelt an und viele Deutsche tun sich sehr schwer bei der Aussprache. Umgekehrt haben viele Engländerinnen und Engländer Probleme mit dem deutschen *ch* wie zum Beispiel in *machen* – denn dieser Laut ist in der englischen Sprache unbekannt.

Wie sprechen wir zu Hause?

Wir sprechen immer weniger Dialekte, aber das bedeutet nicht, dass wir überall gleich sprechen. Denn in vielen Regionen mischen sich einzelne Elemente aus den alten Dialekten in die Hochsprache. Es entsteht also eine Mischung aus Hochdeutsch und Dialekt. Und diese kann von viel mehr Menschen verstanden werden als der reine Dialekt. Trotzdem klingt das Deutsch dadurch in verschiedenen Regionen immer etwas anders. Die Sprachwissenschaft spricht deshalb von Regiolekten. Für viele junge Menschen ist dieser Regiolekt sehr wichtig, denn er vermittelt ein Gefühl von Heimat und Zusammengehörigkeit – genau wie früher die Dialekte. Und das wird wohl auch in Zukunft so weitergehen.

Und wie verständigen wir uns auf der Welt?

Die Chancen stehen sehr gut, dass auch in 100 Jahren noch Deutsch gesprochen wird. Schließlich gibt es derzeit rund 135 Millionen Sprecherinnen und Sprecher auf der ganzen Welt! Doch die Globalisierung führt gleichzeitig dazu, dass immer mehr Menschen über die Ländergrenzen hinweg miteinander kommunizieren. Deshalb lernen viele zusätzlich eine andere Sprache wie etwa Englisch, Spanisch oder Chinesisch. Deutsch allein reicht eben häufig nicht aus, um sich in der Welt zu verständigen.

Daher werden auch Übersetzungsprogramme immer wichtiger für uns werden: So sind derzeit rund 60 Prozent aller Internetseiten auf Englisch. Wer also Informationen sucht und Englisch nicht so gut versteht, muss sich die Seiten übersetzen lassen. Das Problem: Die Übersetzungsprogramme gibt es meist nur für die großen Sprachen. Für die allermeisten der unzähligen auf der Erde existierenden Sprachen gibt es dagegen kaum elektronische Übersetzungshilfen – und so werden die großen Sprachen auch in Zukunft immer mehr an Bedeutung gewinnen.

Neue Techniken verändern die Sprache

Aber nicht nur die Sprache selbst verändert sich. Auch die Art und Weise, wie wir miteinander kommunizieren, entwickelt sich weiter. So haben die Menschen im Mittelalter im Alltag vor allem miteinander gesprochen. Gutenbergs Erfindung der Druckpresse im 16. Jahrhundert sorgte mit dafür, dass auch die geschriebene Sprache eine immer größere Rolle spielte. Und zugleich machte seine Erfindung den Weg frei für ein einheitliches Hochdeutsch. Auch heute verändern neue technische Erfindungen unsere Kommunikation: So schreiben wir uns Kurznachrichten mit dem Smartphone oder wir chatten mit anderen im Internet oder in Computerspielen. Weil wir in einer Kurznachricht aber meist nur wenig Platz haben und es beim Chatten schnell gehen muss, passen wir unsere Sprache daran an: So lassen wir zum Beispiel Buchstaben weg, nutzen Abkürzungen oder schreiben alles in Kleinbuchstaben. Denn die Großbuchstaben kosten nur unnötig Zeit beim Tippen und sind nicht unbedingt notwendig – schließlich kann man die Nachricht auch kleingeschrieben verstehen. Außerdem kommen oft Bilder, Smileys und Icons zum Einsatz, zum Beispiel wenn wir Gefühle mitteilen wollen. Dieser Schreibstil ist damit perfekt an die Form von Kurznachrichten angepasst! Das bedeutet natürlich nicht, dass wir bald nur noch im Kurznachrichten-Stil schreiben werden. Vielmehr können die meisten Menschen ganz leicht zwischen verschiedenen Schreibstilen hin- und herwechseln. So schreibst du in einem Aufsatz ja auch anders als in einer Kurznachricht an deine beste Freundin. Aber ob Chats und Kurznachrichten auch das Kommunikationsmittel der Zukunft sind? Das ist alles andere als sicher. Schließlich schicken wir uns schon heute immer häufiger kleine Sprachaufnahmen mit dem Smartphone – Tippen ist dabei gar nicht mehr nötig. Und wer weiß schon, was die Technik der Zukunft sein wird?

➔ Weißt du's?

Das Wort *Chat* kommt vom englischen Wort *to chat*.
Weißt du, was das bedeutet?

a schnell schreiben
b plaudern
c krächzen
d tippen

Lösung: *To chat* bedeutet so viel wie *plaudern*. Ein Chat ist also eine geschriebene Plauderei oder Unterhaltung. Deshalb ähnelt ein Chat auch vielmehr einem persönlichen Gespräch als e ner geschriebenen Nachricht.

Digitale Helferlein

„Computer, wie wird das Wetter heute?" – Vielen elektronischen Geräten kannst du heute schon Fragen stellen – und mit etwas Glück geben sie dir die richtige Antwort. Möglich machen das spezielle Sprachassistenten. Diese kleinen Computerprogramme stecken bereits in vielen Smartphones, Computern oder Fernsehgeräten. Die Sprachsoftware versteht, was wir sagen, und antwortet in unserer Sprache – wie praktisch! In Zukunft wird uns diese Technologie immer häufiger begegnen: zum Beispiel in selbstfahrenden Autos, die mit den Fahrgästen sprechen. Und die Forscherinnen und Forscher basteln bereits an neuen Einsatzgebieten und Techniken.

Vom Urlaut bis zum sprechenden Roboter

Nun sind wir mit unserer abenteuerlichen Reise durch die Geschichte der Sprache endlich in der Zukunft angekommen. Unterwegs haben wir nicht nur die Sprache der Menschen, sondern auch die Verständigungssysteme der Pflanzen und Tiere erkundet. Wir sind in die Steinzeit gereist, um die ersten Wörter aufzuspüren. Wir haben nach den Ursprüngen der deutschen Sprache gesucht, die Germanen besucht, uns im Mittelalter umgehört und nachgeschaut, wie sich das Deutsche in den letzten Jahrhunderten verändert hat. Außerdem haben wir eine Menge über die Sprachen der Gegenwart erfahren. So wissen wir jetzt zum Beispiel, warum es so viele Sprachen auf der Welt gibt, wieso viele vom Aussterben bedroht sind und weshalb sich Sprache immer wieder verändert. Außerdem haben wir einen Blick in die Kristallkugel gewagt, um zu sehen, was die Zukunft uns bringen mag. Vor allem wissen wir jetzt aber: Sprache ist vielmehr als das Aneinanderreihen von Wörtern. Jede einzelne der über 6000 Sprachen auf der Erde ist ein kompliziertes System aus Regeln, Lauten und Zeichen. Und dieses System bleibt nicht immer gleich, sondern verändert sich ständig – es ist also lebendig! Sprachen mischen sich, entwickeln sich weiter und passen sich an neue Gegebenheiten an – genauso wie wir Menschen, die die Sprachen sprechen.

Technik der Zukunft

Sprechende Fahrzeuge

In vielen Autos kommen bereits Sprachassistenten zum Einsatz: So kann man zum Beispiel dem Navi sagen, welche Route es anzeigen soll, und dieses gibt vor, wann man abbiegen muss. In Zukunft werden diese digitalen Assistenten aber auch viele andere Funktionen übernehmen: So wird man sie fragen können, an welchem Museum man gerade vorbeigefahren ist. Oder man wird sie bitten, eine Pizza beim Lieblingsitaliener zu bestellen. Dann ist das Essen bereits fertig, wenn man am Ziel ankommt. Derzeit tüfteln die Forscherinnen und Forscher außerdem an Fahrzeugen, die ganz allein fahren. Vielleicht müssen wir also irgendwann nicht mehr selbst am Steuer sitzen, sondern lassen uns entspannt kutschieren: Wir steigen ein, sagen dem Auto, wo es hingehen soll, und los geht die Fahrt! Noch ist das Zukunftsmusik, aber die ersten selbst fahrenden Autos werden schon getestet.

Einmal übersetzen, bitte!

Seit einiger Zeit gibt es Übersetzungsapps, mit denen wir Wörter und Sätze ganz einfach in eine andere Sprache übersetzen können. Solche Hilfsprogramme können super nützlich sein – zum Beispiel wenn man in fremden Ländern unterwegs ist oder schnell wissen muss, was ein Text bedeutet. Momentan machen die digitalen Übersetzer allerdings noch viele Fehler. Und meist gibt es sie nur für größere Sprachen. Aber das kann sich in Zukunft ändern!

Wie funktioniert ein Sprachassistent?

Damit wir mit Maschinen sprechen können, brauchen wir zwei Dinge: ein Gerät, das unsere Sprache aufnimmt, und eine Software, die das Gesprochene verarbeitet. Vereinfacht kann man auch sagen: ein Ohr und ein Gehirn. Das Gerät nimmt die gesprochenen Sätze auf und leitet sie an ein Rechenzentrum oder eine Cloud weiter. Hier wird das Gesagte nun mit der Spracherkennungssoftware verarbeitet: Zuerst wird die Sprache in Text umgewandelt, dann muss die Frage erkannt werden und anschließend muss die Software eine Antwort finden. Bei der Frage nach dem Wetter fragt die Software zum Beispiel einen Wetterdienst im Internet ab. Anschließend wird die Antwort wieder in Sprache umgewandelt und über das Gerät an den Menschen weitergegeben.

Gedanken aufschreiben

Stell dir vor, wir müssten gar nicht mehr sprechen, tippen oder schreiben, um etwas auszudrücken. Stattdessen denken wir nur an einen Satz und schon erscheint dieser auf dem Computerbildschirm – oder ein Computer spricht ihn für dich aus. Die Anfänge für diese Technik sind bereits gemacht. Eingesetzt werden soll sie zum Beispiel bei gelähmten Menschen, die sich nicht verständigen können. Benötigt wird dafür eine spezielle Schnittstelle zwischen dem Gehirn und dem Computer. Diese nimmt Gehirnsignale im Kopf auf und leitet sie an einen Rechner weiter, der die Signale in Sprache umwandelt.

Alle Menschen verstehen

Wäre es nicht schön, wenn du einfach jede Sprache verstehen könntest, ohne vorher mühsam Vokabeln zu lernen? In der Forschung arbeitet man bereits an solchen Geräten und Programmen. Diese sollen Gespräche direkt in die gewünschte Sprache übersetzen. Das ist allerdings gar nicht so einfach, denn wir sprechen oft nicht in ganzen Sätzen, stottern, bauen *Ähms* und Räusperer ein oder machen plötzlich Pausen. Außerdem nuscheln wir manchmal oder nutzen Wörter aus Dialekten. Für unser Gehirn ist das kein Problem und wir verstehen meist trotzdem, was unser Gegenüber sagt. Für einen Computer ist das allerdings noch eine ganz schön harte Nuss und oft genug versteht er die Sätze falsch. Aber die Technik verbessert sich rasant. Vielleicht können wir uns ja tatsächlich irgendwann mit jedem Menschen problemlos unterhalten – ganz egal, welche Sprache er spricht.

Ein sprechender Roboter

Vielleicht leben wir ja irgendwann mit Robotern zusammen, die uns im Alltag helfen. Sie machen den Haushalt, backen und kochen für uns und räumen dein Zimmer auf – und zwar genauso, wie du das möchtest. Außerdem erinnern sie dich an deinen Musikunterricht, helfen dir bei den Hausaufgaben, erklären dir Mathe und lesen dir abends noch eine Geschichte vor.

Was bedeutet Roboter?

Das Wort *Roboter* kommt ursprünglich aus dem Tschechischen. *robota* bedeutet so viel wie „Arbeit" oder „Knechtschaft". 1920 tauchte der Name Roboter zum ersten Mal in einem Science-Fiction-Roman auf. Gemeint waren damit künstliche Menschen, die schwere Arbeit verrichten mussten.

Literaturverzeichnis

Deutscher, Guy: Im Spiegel der Sprache. Warum die Welt in anderen Sprachen anders aussieht. München: Verlag C. H. Beck 2020.

Dudenredaktion: Duden 1 – Die deutsche Rechtschreibung. Das umfassende Standardwerk auf der Grundlage der aktuellen amtlichen Regeln. Berlin: Dudenverlag 2020.

Gesellschaft für bedrohte Sprachen e. V.: Sprachen verschwinden. Eine Informationsbroschüre der Gesellschaft für bedrohte Sprachen e. V. Köln 2007.

Graf, Peter: Was nicht mehr im Duden steht. Eine Sprach- und Kulturgeschichte. Berlin: Dudenverlag 2020.

Harari, Yuval Noah: Eine kurze Geschichte der Menschheit. München: Pantheon Verlag 2015.

Janson, Tore: Eine kurze Geschichte der Sprachen. Heidelberg: Spektrum Akademischer Verlag 2010.

Lexer, Matthias: Mittelhochdeutsches Taschenwörterbuch. Mit den Nachträgen von Ulrich Pretzel. Stuttgart: Hirzel Verlag 1992.

Moser, Hugo; Tervooren, Helmut: Des Minnesangs Frühling. Stuttgart: Hirzel Verlag 1988.

Riecke, Jörg: Geschichte der deutschen Sprache: Eine Einführung. Stuttgart: Philipp Reclam jun. 2016.

Schaller, Andrea: Was ist was? Steinzeit. Die Zähmung des Feuers. Nürnberg: Tessloff Verlag 2015.

Schmidt, Wilhelm: Geschichte der deutschen Sprache. Ein Lehrbuch für das germanistische Studium. Stuttgart: Hirzel Verlag 2007.

Wunderlich, Dieter: Sprachen der Welt. Warum sie so verschieden sind und sich doch alle gleichen. Darmstadt: Wissenschaftliche Buchgesellschaft 2015.

Weller-Essers, Andrea: Sprachen ohne Worte. Kommunikation auf anderen Wegen. Berlin: Dudenverlag 2019.

Zimmer, Dieter E.: So kommt der Mensch zur Sprache. Über Spracherwerb, Sprachentstehung, Sprache, Denken. München: Wilhelm Heyne Verlag 2008.

Internetquellen

Was ist eigentlich Sprache?

https://www1.wdr.de/wissen/natur/pflanzen-kommunikation-wurzeln-100.html (25.05.2021).

https://www.mare.de/zusammen-ist-man-nicht-allein-content-1493 (25.05.2021).

https://www.sueddeutsche.de/wissen/wale-gesang-funktion-1.4310682 (25.05.2021).

https://www.spektrum.de/lexikon/biologie/bienensprache/8417 (25.05.2021).

https://www.spektrum.de/lexikon/biologie/schwaenzeltanz/60091 (25.05.2021).

https://www.spektrum.de/news/auch-raben-gestikulieren/1130511 (25.05.2021).

https://www.mpg.de/4664812/raben_gesten (25.05.2021).

Die Anfänge der Sprache

https://www.mpg.de/14624926/0325-evan-019609-lucy-hatte-ein-affenaehnliches-gehirn%20 (25.05.2021).

https://www.tagesspiegel.de/wissen/anatomie-warum-affen-nicht-sprechen-koennen/14968286.html (25.05.2021).

https://www.cbs.mpg.de/forschung/language-interview (25.05.2021).

https://www.wissenschaft.de/umwelt-natur/auch-affen-verstehen-grammatik/ (25.05.2021).

Einzigartig? – Vielfältig!

https://www.spektrum.de/lexikon/psychologie/waisenkinderversuche/16645 (25.05.2021).

https://www.lernhelfer.de/schuelerlexikon/deutsch/artikel/ursprung-der-sprache (25.05.2021).

http://www.atlas-alltagssprache.de/broetchen/ (25.05.2021).

https://www.ethnologue.com (25.05.2021).

https://de.statista.com/statistik/daten/studie/1723/umfrage/weltbevoelkerung-nach-kontinenten/ (25.05.2021).

https://de.wikipedia.org/wiki/Liste_der_meistgesprochenen_Sprachen (25.05.2021).

Wer hat das Deutsche erfunden?

https://www.tagesspiegel.de/gesellschaft/luthers-vermaechtnis-am-anfang-war-sein-wort/19219500.html (25.05.2021).

https://www.waldwissen.net/de/waldwirtschaft/holz-und-markt/verarbeitung-und-technik/geschichte-der-papierherstellung (25.05.2021).

https://www.duden.de/ueber_duden/konrad-duden (25.05.2021).

Wie sieht die deutsche Sprache heute aus?

https://www.bundesregierung.de/breg-de/aktuelles/fakten-deutsche-sprache-1723168 (25.05.2021).

https://de.wikipedia.org/wiki/Liste_deutscher_Wörter_in_anderen_Sprachen (25.05.2021).

Sprachen der Zukunft

https://www.spektrum.de/news/kann-eine-ki-gedanken-lesen/1718516 (25.05.2021).

https://www.zukunftsinstitut.de/artikel/language-20-die-sprache-der-zukunft/ (25.05.2021).

https://www.wissenschaft.de/gesellschaft-psychologie/was-wird-aus-unserer-sprache/ (25.05.2021).

https://www.golem.de/news/sprachsynthese-forscher-erzeugen-sprache-aus-hirnstroemen-1904-140962.html (25.05.2021).